BaPsy-DGPs

Oliver Dickhäuser

BaPsy-DGPs

Das Übungsbuch zum Studieneignungstest
für den Bachelorstudiengang Psychologie

Prof. Dr. Oliver Dickhäuser, geb. 1971. 1991–1997 Studium der Psychologie an der Universität Bielefeld. 2001 Promotion und 2005 Habilitation an der Justus-Liebig-Universität Gießen. 1997–2005 Wissenschaftlicher Mitarbeiter, Pädagogische Psychologie, Universität Hildesheim und Justus-Liebig-Universität Gießen. 2005–2008 Professor für Psychologie an der Friedrich-Alexander-Universität Erlangen-Nürnberg. Seit 2008 Professor für Pädagogische Psychologie an der Universität Mannheim. Arbeitsschwerpunkte: Motivation im Bildungskontext, pädagogisch-psychologische Diagnostik, Trainings.

Wichtiger Hinweis: Der Verlag hat gemeinsam mit den Autor:innen bzw. den Herausgeber:innen große Mühe darauf verwandt, dass alle in diesem Buch enthaltenen Informationen (Programme, Verfahren, Mengen, Dosierungen, Applikationen, Internetlinks etc.) entsprechend dem Wissensstand bei Fertigstellung des Werkes abgedruckt oder in digitaler Form wiedergegeben wurden. Trotz sorgfältiger Manuskriptherstellung und Korrektur des Satzes und der digitalen Produkte können Fehler nicht ganz ausgeschlossen werden. Autor:innen bzw. Herausgeber:innen und Verlag übernehmen infolgedessen keine Verantwortung und keine daraus folgende oder sonstige Haftung, die auf irgendeine Art aus der Benutzung der in dem Werk enthaltenen Informationen oder Teilen davon entsteht. Geschützte Warennamen (Warenzeichen) werden nicht besonders kenntlich gemacht. Aus dem Fehlen eines solchen Hinweises kann also nicht geschlossen werden, dass es sich um einen freien Warennamen handelt.

Bibliografische Information der Deutschen Nationalbibliothek
Die Deutsche Nationalbibliothek verzeichnet diese Publikation in der Deutschen Nationalbibliografie; detaillierte bibliografische Daten sind im Internet über http://dnb.dnb.de abrufbar.

Das Werk einschließlich aller seiner Teile ist urheberrechtlich geschützt. Jede Verwertung außerhalb der engen Grenzen des Urheberrechtsgesetzes ist ohne Zustimmung des Verlags unzulässig und strafbar. Das gilt insbesondere für Vervielfältigungen, Übersetzungen, Mikroverfilmungen und die Einspeicherung und Verarbeitung in elektronischen Systemen.

Alle Rechte, auch für Text- und Data-Mining (TDM), Training für künstliche Intelligenz (KI) und ähnliche Technologien, sind vorbehalten. All rights, including for text and data mining (TDM), Artificial Intelligence (AI) training, and similar technologies, are reserved.

Hogrefe Verlag GmbH & Co. KG
Merkelstraße 3
37085 Göttingen
Deutschland
Tel. +49 551 999 50 0
info@hogrefe.de
www.hogrefe.de

Umschlagabbildung: © iStock.com / Wavebreakmedia
Satz: Franziska Stolz, Hogrefe Verlag GmbH & Co. KG, Göttingen
Druck: mediaprint solutions GmbH, Paderborn
Printed in Germany

1. Auflage 2025
© 2025 Hogrefe Verlag GmbH & Co. KG, Göttingen
(E-Book-ISBN [PDF] 978-3-8409-3278-6)
ISBN 978-3-8017-3278-3
https://doi.org/10.1026/03278-000

Vorwort der Präsidentin der DGPs

Liebe am Psychologiestudium Interessierte,

die Psychologie ist ein faszinierendes Fach, das durch seine wissenschaftliche Relevanz und gesellschaftliche Bedeutung vielfältige Möglichkeiten bietet. Dieses Fach vermittelt nicht nur fundiertes Wissen über menschliches Erleben und Verhalten, sondern auch wertvolle Kompetenzen für das Leben und Arbeiten im 21. Jahrhundert – sei es im Umgang mit gesellschaftlichen und globalen Herausforderungen oder in der Unterstützung individueller Entwicklung. Angesichts dieser Bedeutung ist es verständlich, dass der Bachelorstudiengang Psychologie – gemessen am Verhältnis von Bewerbungen zu Studienplätzen – zu den begehrtesten Studiengängen in Deutschland zählt. Um zu ermöglichen, dass alle Interessierten eine vergleichbare Chance auf einen Studienplatz haben, wurde der Studieneignungstest für den Bachelorstudiengang Psychologie (BaPsy-DGPs) eingeführt. Dieses Anliegen ist dem Vorstand der Deutschen Gesellschaft für Psychologie (DGPs) sehr wichtig.

Das Ziel dieses neu eingeführten Auswahlverfahrens ist es, die Studienzulassung fairer, transparenter und rechtssicher zu gestalten. Dazu hat die DGPs drei zentrale Instrumente entwickelt:

1. Ein kostenloses Online-Self-Assessment (www.osa-psych.de), das Ihnen hilft, Ihre Erwartungen und Interessen mit den Anforderungen des Psychologiestudiums abzugleichen.
2. Den Studieneignungstest Bachelor-Psychologie der DGPs (BaPsy-DGPs), der an zahlreichen Universitäten in Deutschland als eine Grundlage der Studienzulassung dient.
3. Vorbereitungsmaterial, das kostenfrei auf www.studieneignungstest-psychologie.de zur Verfügung steht und vom Vorstand der DGPs zur Vorbereitung empfohlen wird.

Die Bereitstellung von kostenfreiem oder kostengünstigem Material wurde bewusst gewählt, um sicherzustellen, dass Ihre Chancen auf einen Studienplatz möglichst von Ihrer Eignung abhängen – und nicht von Ihren finanziellen Mitteln.

Das auf der Webseite verfügbare Material – bestehend aus Übungsaufgaben und Videos – wurde in enger Abstimmung mit den Inhalten des BaPsy-Tests entwickelt.

Dieses Buch ergänzt das kostenfreie Vorbereitungsmaterial um eine Reihe zusätzlicher Übungsaufgaben, die speziell darauf ausgelegt sind, Sie auf den BaPsy-Test vorzubereiten. Dabei sind die Aufgaben nicht so ausgelegt, dass Sie die höchsten Schwierigkeitsstufen trainieren sollen. Vielmehr machen die Aufgaben Sie mit der Art der Testaufgaben vertraut. Wie eine Studie des Autors zeigt, ist die Vertrautheit mit dem Aufgabentyp von großer Bedeutung.

Das Übungsbuch wurde mit großer Sorgfalt erstellt und orientiert sich eng an den Testinhalten im BaPsy-DGPs. Daher empfehlen wir dieses Übungsbuch als Vorbereitungsmaterial. Die Übereinstimmung zwischen den Übungsaufgaben und den späteren Testaufgaben ist unterschiedlich stark. Bei der konkreten Testdurchführung werden Ihnen andere Aufgaben identischen Typs begegnen. Insbesondere können, wie im Aufgabensteckbrief für den Testteil „Schlussfolgerndes Denken figural" beschrieben, auch abweichende Figurelemente präsentiert werden.

Sowohl das Self-Assessment als auch der Test und das Vorbereitungsmaterial werden kontinuierlich überprüft, um sicherzustellen, dass sie dem Ziel und ihrem Zweck gerecht werden. Die Kombination aus den auf der Webseite verfügbaren Videos und den zusätzlichen Übungsaufgaben in diesem Buch bietet Ihnen dementsprechend eine ausgezeichnete Grundlage für Ihre Vorbereitung auf den BaPsy-DGPs.

Wir freuen uns sehr, dass Sie sich für diesen spannenden und gesellschaftlich wertvollen Studiengang interessieren. Für Ihre Vorbereitung und das Absolvieren des Studieneignungstests wünschen wir Ihnen viel Erfolg – und alles Gute für Ihren weiteren Lebensweg.

Prof. Dr. Eva-Lotta Brakemeier
Präsidentin der Deutschen Gesellschaft für Psychologie (DGPs)

Prof. Dr. Annette Kluge
Präsidentin-Elect der Deutschen Gesellschaft für Psychologie (DGPs)

Inhaltsverzeichnis

Einleitung	9
1. Testteil: Schlussfolgerndes Denken figural	14
2. Testteil: Schlussfolgerndes Denken numerisch	36
3. Testteil: Schlussfolgerndes Denken verbal	44
4. Testteil: Psychologieverständnis deutsch	53
5. Testteil: Psychologieverständnis englisch	72
6. Testteil: Mathematikkenntnisse	89
Lösungen zu den Übungsaufgaben	98
Danksagung	104
Literatur	105

Einleitung

Liebe Leserinnen und Leser,

es ist mir eine große Freude, Ihnen dieses Buch mit Übungsaufgaben für den Bachelor-Psychologie-Studieneignungstest der Deutschen Gesellschaft für Psychologie (BaPsy-DGPs) vorzustellen. Es wird Ihnen als wertvolle Ressource dienen, damit Sie sich optimal auf den Auswahltest vorbereiten und Ihre Chancen auf einen Studienplatz im Fach Psychologie erhöhen können.

Psychologie ist ein faszinierendes und vielseitiges Studienfach, das jährlich Tausende von Studieninteressierten anzieht. Der Bachelor-Psychologie-Studieneignungstest ist in den letzten Jahren bundesweit an Universitäten etabliert worden. Dieser Test ist das neue Standardverfahren für den Zugang zum Psychologiestudium an der überwiegenden Mehrheit der Universitäten – ähnlich wie der Medizinertest TMS für die medizinischen Studiengänge. In diesem Buch finden Sie Übungsaufgaben, die Ihnen helfen, sich auf den Bachelor-Psychologie-Studieneignungstest BaPsy vorzubereiten. Das Buch wird damit ein wichtiger Baustein auf dem Weg zu Ihrem Wunschstudienplatz sein.

Warum Psychologie ein beliebtes Studienfach ist

Psychologie bietet tiefe Einblicke in das menschliche Erleben und Verhalten. Sie lernen, wie Gedanken, Gefühle und Verhaltensweisen entstehen und wie sie miteinander in Zusammenhang stehen. Diese Kenntnisse sind nicht nur intellektuell anspruchsvoll und inspirierend, sondern auch praktisch relevant in vielen Bereichen des täglichen Lebens.

Psychologie ist ein Fach, das Erkenntnisse aus verschiedenen Wissenschaftsdisziplinen (darunter den Sozial- und Naturwissenschaften) integriert. Das Fach ermöglicht es Ihnen, die Klarheit Ihres analytischen Denkens zu schulen und ein breites und vielfältiges Wissen zu erwerben, das in verschiedenen beruflichen Kontexten anwendbar ist. Das Studium der Psychologie bietet erwiesenermaßen hervorragende Berufsaussichten. Psychologinnen und Psychologen sind in zahlreichen Bereichen gefragt, darunter Klinische Psychologie/Psychotherapie, Arbeits- und Organisationspsychologie (Bajwa & König, 2022), Pädagogische Psychologie (Dickhäuser & Spinath, 2023), Gesundheitspsychologie und viele mehr.

Die Fähigkeit, menschliches Erleben und Verhalten zu verstehen und auf der Basis dieses Verständnisses zu optimieren, ist in einer Vielzahl von Berufsfeldern von großem Nutzen.

Die Bedeutung von Auswahlverfahren für Studienzulassungen

Die hohe Nachfrage nach Studienplätzen im Fach Psychologie führt dazu, dass Universitäten oft mehr Bewerbungen erhalten, als sie Plätze anbieten können. Die Verteilung der knappen Ressource „Studienplätze" bedingt daher die Notwendigkeit von Auswahlverfahren. Der überwiegende Anteil von Studienplätzen wird dabei im Rahmen der sogenannten Auswahlverfahren der Hochschulen (AdH) vergeben. Im Rahmen der AdH bemühen sich die Universitäten darum, die geeignetsten Kandidatinnen und Kandidaten auszuwählen. Der BaPsy ist ein Verfahren, das die Eignung der Bewerberinnen und Bewerber erfasst. Die Universitäten nutzen dann für ihre hochschuleigenen Auswahlverfahren das Ergebnis, das Bewerberinnen und Bewerber im BaPsy erzielt haben, als ein Kriterium für die Auswahl. Dieses Kriterium ergänzt hierbei andere Auswahlkriterien (etwa die Abiturnote), wobei sich die exakten Gewichtungen je nach Universität unterscheiden. Übrigens: Die Einführung von Auswahltests in der Psychologie geht zurück auf ein Urteil des Bundesverfassungsgerichts aus dem Jahr 2017. Dort wurde betont, dass Studienbewerberinnen und Studienbewerber ein Recht auf gleiche Teilhabe an staatlichen Studienangeboten haben und dass Regelungen für die Verteilung knapper Studienplätze am Kriterium der Eignung orientiert sein müssen. Standardisierte Auswahlverfahren, insbesondere Tests wie der BaPsy, können die Eignung von Studienbewerberinnen und -bewerbern gut abbilden (Watrin et al., 2022) und bieten so eine gute Möglichkeit, Auswahlverfahren fairer und transparenter zu gestalten (Dickhäuser et al., 2022).

Bei der Bewerbung um einen Studienplatz entscheidet sich eine Universität aber nicht nur für oder gegen Sie als Bewerberin oder Bewerber. Zuvor haben Sie durch Ihre Bewerbung selbst eine bedeutsame Entscheidung getroffen: Sie haben sich entschieden, ein bestimmtes Fach (ggf. an einer bestimmten Universität) studieren zu wollen. Bereits für diesen Prozess der Studienorientierung und Selbstvergewisserung stehen solide Instrumente zur Verfügung. Sogenannte Online-Self-Assessments (OSAs) erfassen dabei Ihre Interessen und Erwartungen und liefern im nächsten Schritt Feedback zur Passung für den ins Auge gefassten Studiengang. Für den Studiengang Psychologie bietet www.osa-psych.de eine kostenlose Möglichkeit, die eigenen Interessen und Erwartungen mit den tatsächlichen Anforderungen des Studiengangs Psychologie abzugleichen. Das Verfahren enthält auch einige wenige Aufgaben aus Auswahltests, sodass Sie auf der Grundlage der Bearbeitung von OSA-Psych eine sehr fundierte Entscheidung treffen können, ob Sie meinen, dass das Psychologiestudium Ihren Interessen und Erwartungen entspricht und Sie im nächsten Schritt am BaPsy teilnehmen wollen. Ich empfehle Ihnen, OSA-Psych zu absolvieren, bevor Sie mit der Vorbereitung auf den BaPsy beginnen.

Aufbau und Inhalte des BaPsy

Der BaPsy-DGPs umfasst verschiedene inhaltliche Teilbereiche, die für das Psychologiestudium relevant sind. Diese Testteile prüfen schlussfolgerndes Denken anhand von numerischen, verbalen und figuralen Aufgaben. Darüber hinaus beinhaltet der Test Aufgaben zum Psychologieverständnis in Deutsch und Englisch sowie zur Erfassung Ihrer Mathematikkenntnisse.

Testteil	Beschreibung
Schlussfolgerndes Denken	
figural	Der Test prüft die Fähigkeit zum logischen Schlussfolgern anhand von Figuren.
numerisch	Der Test prüft die Fähigkeit zum logischen Schlussfolgern anhand von Zahlenaufgaben.
verbal	Der Test prüft die Fähigkeit zum logischen Schlussfolgern anhand von Aussagesätzen.
Psychologieverständnis	
deutsch	Der Test prüft die Fähigkeit zum Verständnis von psychologischen Fachtexten, wobei die Texte in deutscher Sprache verfasst sind.
englisch	Der Test prüft die Fähigkeit zum Verständnis von psychologischen Fachtexten, wobei die Texte in englischer Sprache verfasst sind.
Mathematikkenntnisse	Der Test prüft Mathematikkenntnisse auf Oberstufenniveau in den Bereichen Algebra, Analysis, Analytische Geometrie und Stochastik.

Jede dieser Aufgabenarten wird Ihnen in diesem Buch anhand eines kurzen Aufgabensteckbriefs vorgestellt. Im Steckbrief sehen Sie eine Beispielaufgabe, Angaben zur Menge an Aufgaben, eventuell zulässigen Notizen und der zur Verfügung stehenden Bearbeitungszeit im eigentlichen Test. Dann folgen die Übungsaufgaben. Es handelt sich dabei jeweils um genauso viele Aufgaben, wie der spätere Test umfasst. Somit eignet sich dieses Buch auch für die Simulation eines kompletten Testdurchgangs. Im Anschluss an die Übungsaufgaben aller sechs Testteile finden Sie Tabellen, anhand derer Sie Ihre Lösungen überprüfen können.

Warum die Vorbereitung auf den Auswahltest sinnvoll ist

Eine Vorbereitung anhand von geeigneten Materialien hilft Ihnen, die Struktur und den Inhalt des Tests kennenzulernen. Durch das Üben mit typischen, einschlägigen Testaufgaben können Sie ein Gefühl für die Art der Fragen und das geforderte Wissen entwickeln. Die Vorbereitung ermöglicht es Ihnen, gezielt an Ihren Schwächen zu arbeiten und Ihre Stärken weiter auszubauen. Regelmäßiges Üben und die gezielte Auseinandersetzung mit den Aufgaben helfen Ihnen, Ihre Fähigkeiten systematisch zu verbessern und sich optimal auf den Test vorzubereiten. Insbesondere bei den Aufgaben zum schlussfolgernden Denken optimieren Sie Ihre Leistung durch das Üben angemessener Lösungsstrategien. Durch die Übungsaufgaben zum Psychologieverständnis verbessern Sie Ihre Vorgehensweise bei der Lektüre von Fachtexten, um auf dieser Grundlage die Aufgaben im BaPsy-Studieneignungstest besser lösen zu können. Die Aufgaben zu den Mathematikkenntnissen verschaffen Ihnen einen tieferen Einblick in die in diesem Bereich im Test geforderten Inhalte.

Weitere Vorbereitungsmöglichkeiten und Ressourcen abseits des Buches

Neben diesem Buch stehen Ihnen unter www.studieneignungstest-psychologie.de als kostenlose Online-Ressource Trainingsvideos und Beispielaufgaben zur Verfügung. Um sich optimal auf den BaPsy vorzubereiten, empfehle ich Ihnen, dass Sie schrittweise vorgehen:
- Absolvieren Sie zunächst www.osa-psych.de.
- Verschaffen Sie sich einen Überblick über den BaPsy anhand des ersten, allgemeinen Trainingsvideos unter www.studieneignungstest-psychologie.de. Auf dieser Internetseite finden Sie zudem Angaben zu den Untertests, deren Umfang und Dauer, jeweils aktualisiert für den aktuellen Testdurchgang im Frühjahr eines Jahres.
- Nehmen Sie sich dann nacheinander die einzelnen Testteile vor. Arbeiten Sie dabei zunächst das für den jeweiligen Testteil passende Trainingsvideo unter www.studieneignungstest-psychologie.de durch und bearbeiten Sie anschließend die Aufgaben. Wenn Sie möchten, können Sie dabei zu (ersten) Trainingszwecken die kostenlosen Aufgaben auf www.studieneignungstest-psychologie.de nutzen. Wenn Sie so vorgehen, dann können Sie die Aufgaben aus diesem Buch für eine Testsimulation nutzen (d. h., Sie bearbeiten diese ganz am Ende unter möglichst realistischen Testbedingungen am Stück und mit den angegebenen Zeitvorgaben).

Was dieses Buch besonders macht

Der Markt an Vorbereitungsmaterialien für Auswahltests ist groß und auf den ersten Blick unübersichtlich. Das Besondere an dem vorliegenden Buch ist: Als Teil des Teams, das das neue Auswahlverfahren – zunächst ausgehend von einer Initiative baden-württembergischer Universitäten – entwickelt und auf den Weg gebracht hat, habe ich einen guten Einblick in das Testprocedere. Sie können daher in diesem Buch Informationen aus erster Hand erwarten. Das gilt auch für die vermittelten Methoden: Unsere Vorbereitungsvideos basieren auf vorliegenden Forschungsergebnissen, die auch für andere Tests schon beeindruckend deutlich zeigen konnten, dass kurze, videobasierte Trainings die Leistung von Personen in späteren Auswahltests wesentlich steigern können (z. B. Schneider et al., 2020; Schneider & Sparfeldt, 2021). Außerdem kenne ich als Professor für Psychologie die Anforderungen, die ein Studium der Psychologie stellt, auch aufgrund meiner eigenen Lehrtätigkeit. Sie bekommen hier Vorbereitungsmöglichkeiten von einer Person geboten, die das spätere Studium mit seinen Tücken und Herausforderungen sehr gut kennt. Die Materialien in diesem Buch sind optimal verzahnt mit den Vorbereitungsmaterialien, die frei über die Internetseite www.studieneignungstest-psychologie.de verfügbar sind. In dieser Kombination haben Sie damit ein Paket an Vorbereitungsmöglichkeiten, das schnell und leicht zugänglich ist. Der zeitliche und vor allem auch beträchtliche finanzielle Aufwand, mit dem Vor-Ort-Trainings zur Vorbereitung auf den BaPsy verbunden sind, fällt so weg. Eine letzte Besonderheit dieses Buches ist die Verwendung von einschlägigen Fachtexten für die Aufgaben zum Psychologieverständnis in Deutsch und Englisch. Diese Texte stammen aus Originalbüchern des Hogrefe Verlags, dem größten Fachverlag für Psychologie im deutschsprachigen Raum. Dank der freundlichen Einwilligung von Hogrefe werden Ausschnitte aus Original-Fachbüchern der Psychologie, die die Grundlage der Aufgaben bilden, genauso dargestellt wie in den eigentlichen Fachbüchern. Das bietet für Sie den Vorteil, dass Sie die Aufgaben zum Psychologieverständnis anhand von authentischen Texten üben können, Texten, wie sie Ihnen in einem späteren Psychologiestudium begegnen können. Dieses Buch ermöglicht Ihnen also nicht nur eine optimale Vorbereitung, sondern auch einen guten Einblick in die Fachtexte des Studienfaches.

Ich wünsche Ihnen viel Erfolg bei Ihrer Vorbereitung und hoffe, dass dieses Buch in Kombination mit unseren anderen Vorbereitungsmaterialien eine wertvolle Unterstützung auf Ihrem Weg zum Studienplatz in Ihrem Wunschfach Psychologie ist.

Mannheim, im Dezember 2024 *Oliver Dickhäuser*

1. Testteil:
Schlussfolgerndes Denken figural

Aufgabensteckbrief	
Instruktion	In den folgenden Abbildungen sehen Sie neun Zellen, acht der neun Zellen sind mit Figuren an unterschiedlichen Positionen gefüllt. Über die Zellen einer Zeile hinweg folgen die Figuren bestimmten Regeln. Die letzte Zelle wurde leer gelassen. Ihre Aufgabe ist es zu erkennen, welche Figur in dieser Zelle eingesetzt werden muss.
	Um die Lösung anzugeben, sehen Sie unter der Abbildung 16 mögliche Lösungen. Vermerken Sie **die eine** richtige Lösung.
	Im Folgenden werden die Funktionsweisen möglicher Regeln kurz vorgestellt. Beachten Sie, dass diese einzeln oder auch kombiniert in einer Aufgabe erscheinen können. Beachten Sie auch, dass im BaPsy möglicherweise andere Regeln Verwendung finden können. • **Drehung:** Die Elemente werden in Richtung oder entgegen dem Uhrzeigersinn gedreht. Die Drehung erfolgt jeweils um 90° oder um 45°. • **Addition:** Die Elemente der ersten und zweiten Zelle werden zusammengefasst. Die dritte Zelle beinhaltet daher beide Elemente. • **Vollständigkeit:** Zur Lösung der Aufgabe mithilfe dieser Regel muss die gesamte Matrix und nicht eine einzelne Zelle betrachtet werden. Die Elemente, die in der ersten und zweiten Zeile enthalten sind, müssen auch in der dritten Zeile abgebildet sein. • **Subtraktion:** Die Elemente der zweiten Zelle werden aus den Elementen der ersten Zelle entfernt, sodass in der dritten Zelle nur noch die verbleibenden Elemente dargestellt werden.

	• **Einzelkomponentenaddition**: Elemente, die sowohl in der ersten als auch in der zweiten Zelle vorhanden sind, heben einander auf. Die dritte Zelle beinhaltet somit Elemente, die entweder nur in der ersten oder nur in der zweiten Zelle abgebildet sind. • **Schnittmenge**: In der dritten Zelle erscheinen die Elemente, die sowohl in der ersten als auch in der zweiten Zelle vorhanden sind.
Beispiel	
Korrekte Lösung	m
Menge an Aufgaben	20
Zeit (ohne Instruktion)	25 Minuten
Zulässigkeit von Notizen	**nicht** erlaubt
Hinweis	Anders als bei den anderen Testaufgaben wählen Sie bei diesem Testteil nicht die eine richtige Lösung aus vier, sondern aus 16 möglichen Antwortalternativen. Es ist jeweils immer nur genau eine Lösung korrekt. Möglicherweise beinhaltet der BaPsy andere Figurenelemente als diejenigen, mit denen Sie hier üben. Möglicherweise sind die Aufgaben im BaPsy auch nach anderen Regeln aufgebaut als die hier vorgestellten. Sie erhalten im BaPsy zu Beginn eine Aufgabeninstruktion.

1. Testteil: Schlussfolgerndes Denken figural

Aufgabe 1

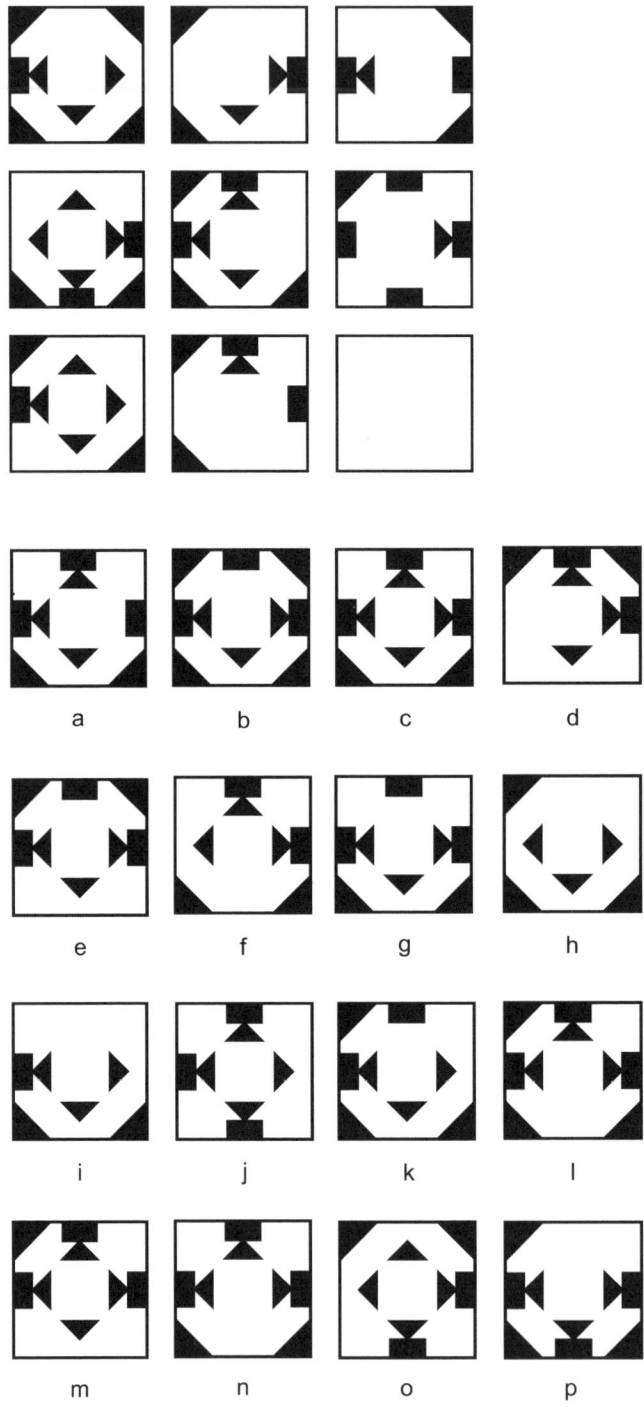

Aufgabe 2

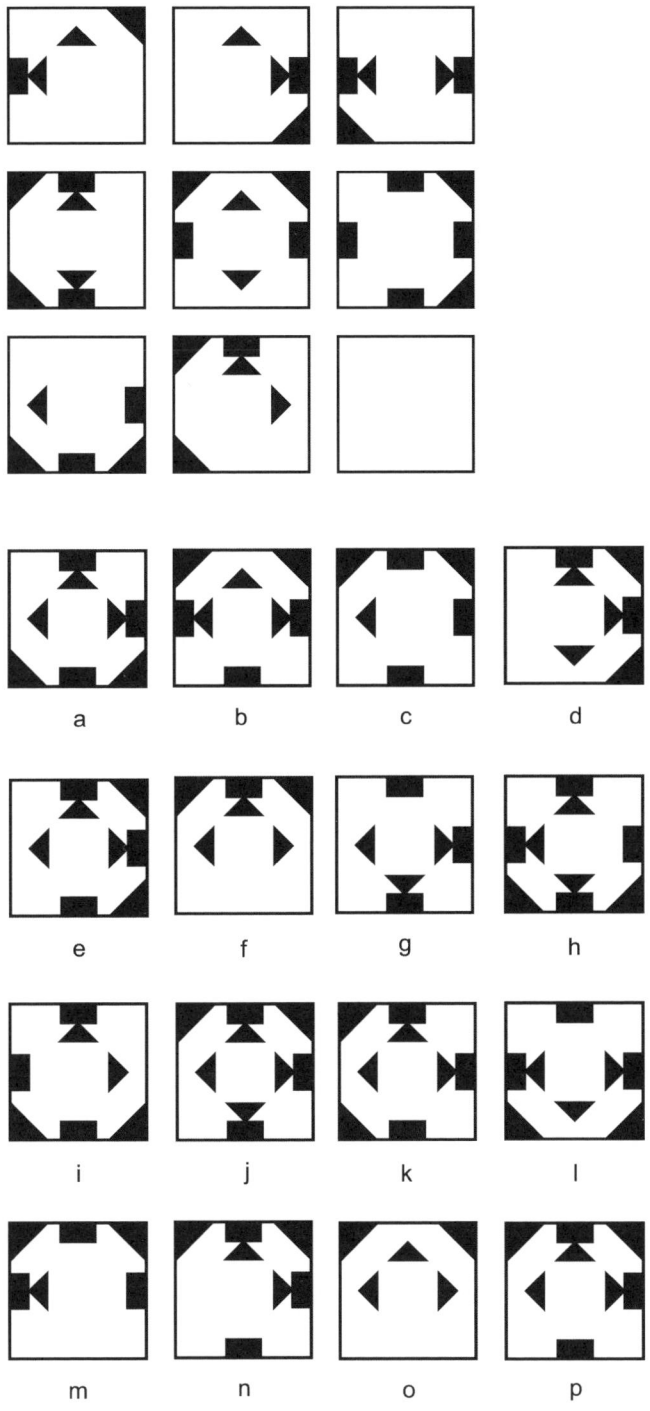

Aufgabe 3

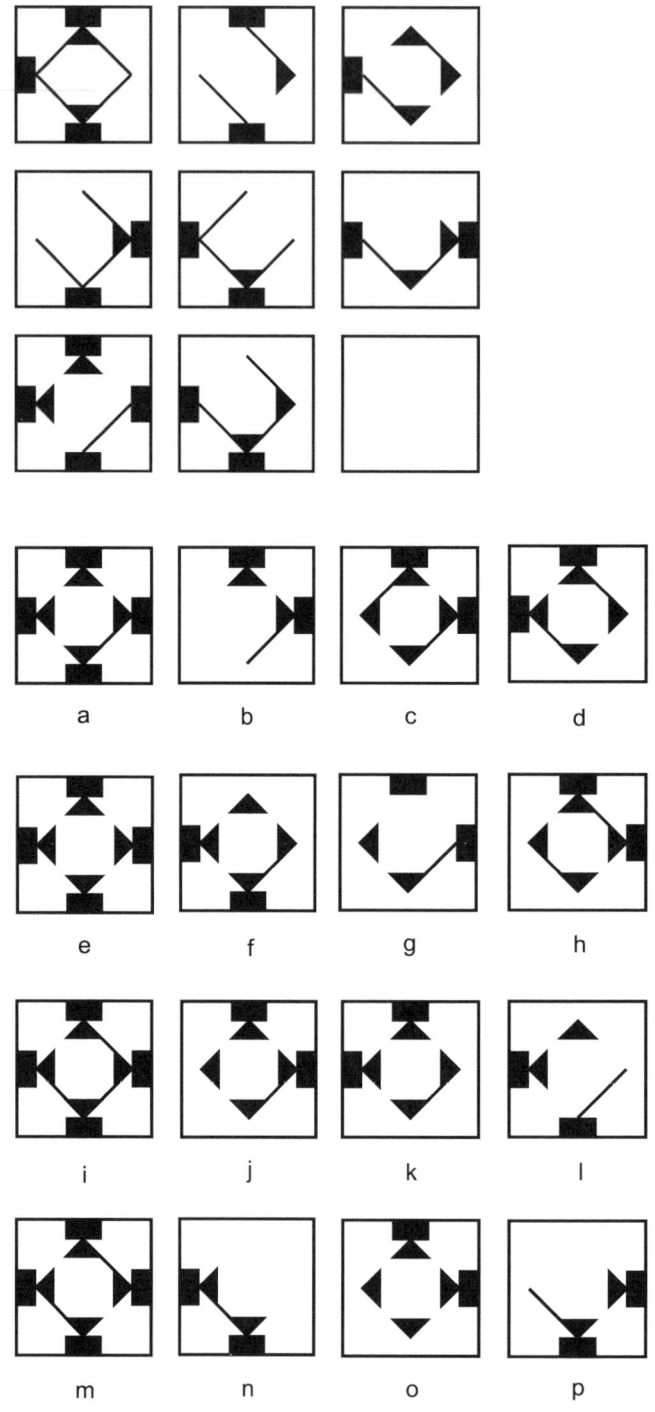

Aufgabe 4

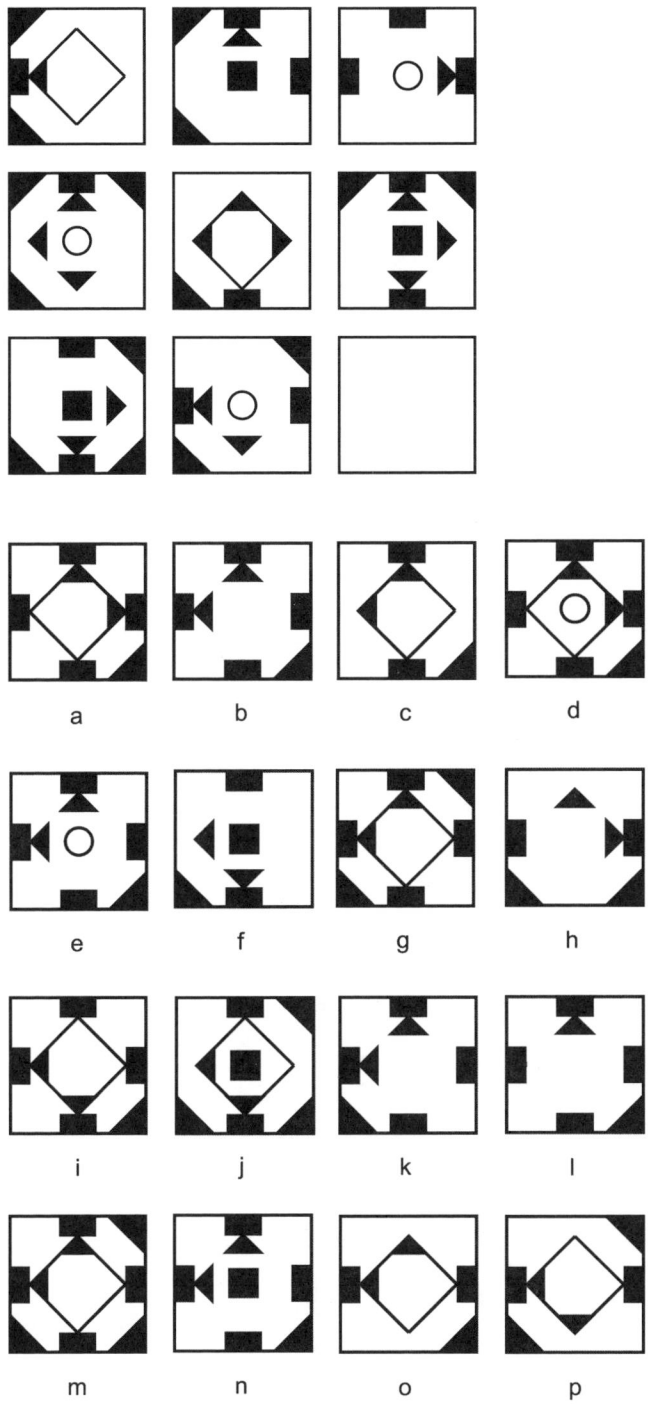

Aufgabe 5

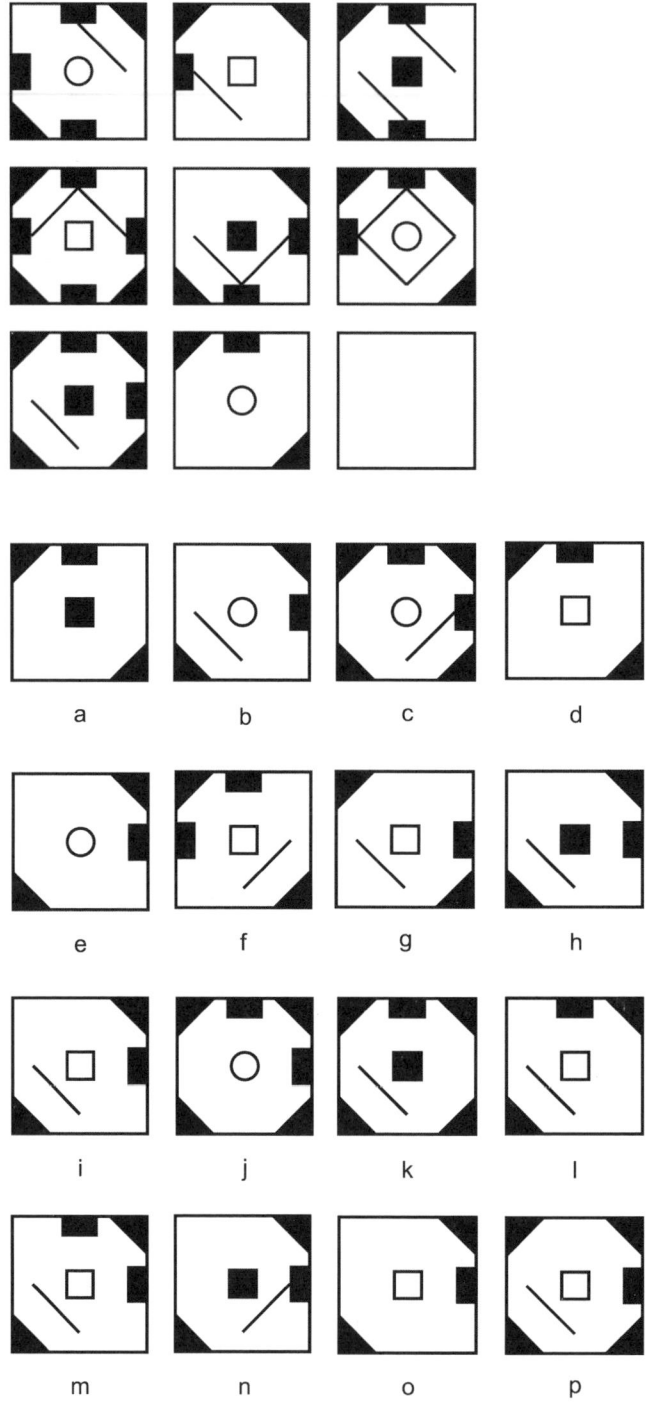

Aufgabe 6

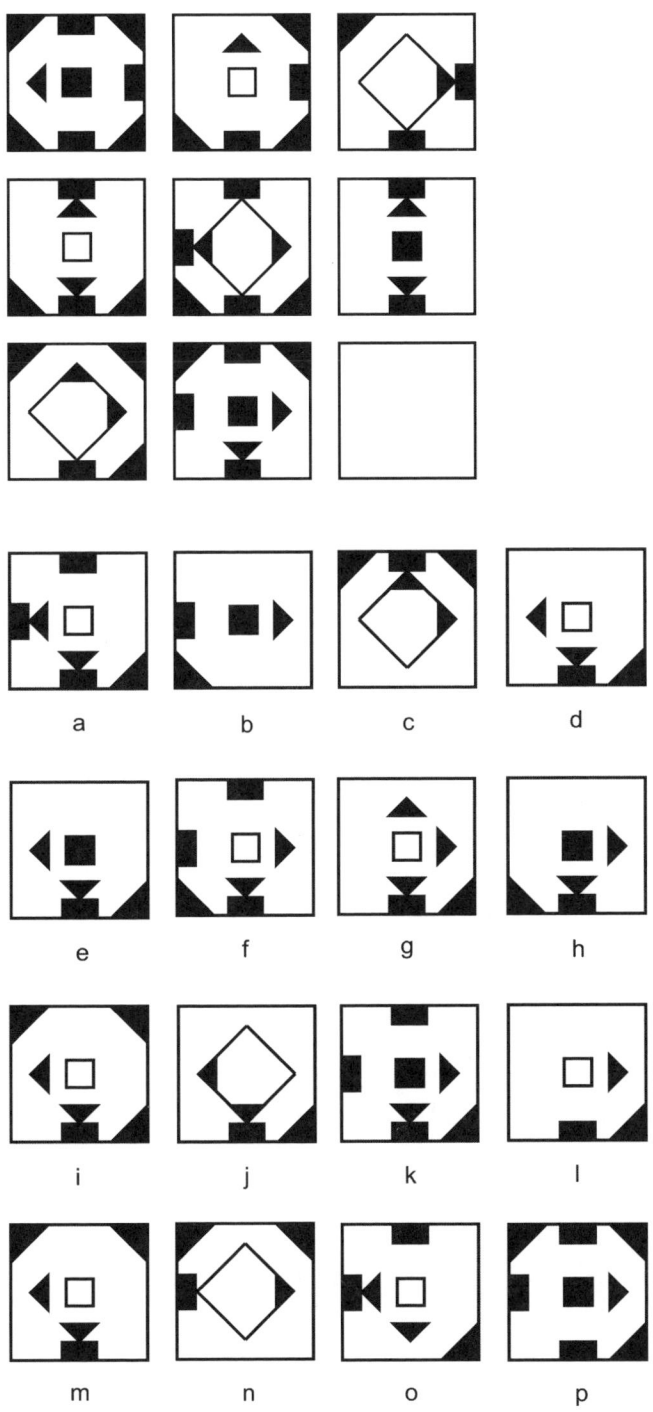

Aufgabe 7

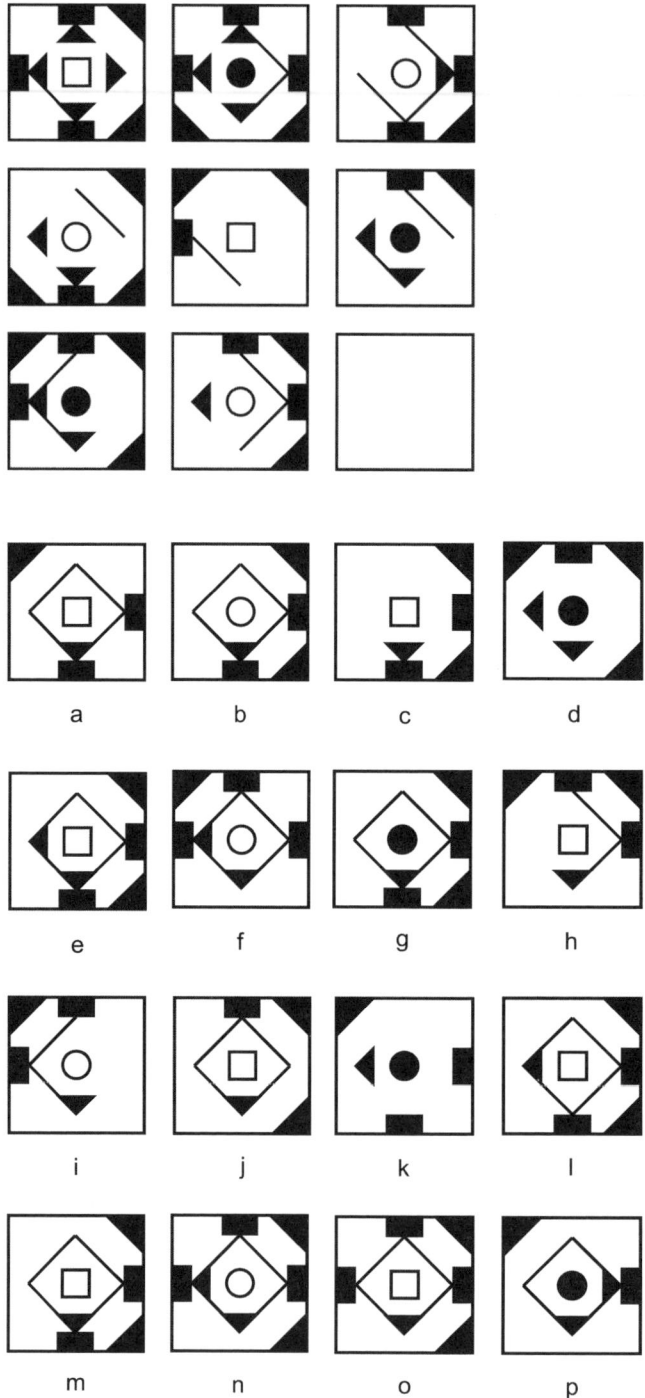

Aufgabe 8

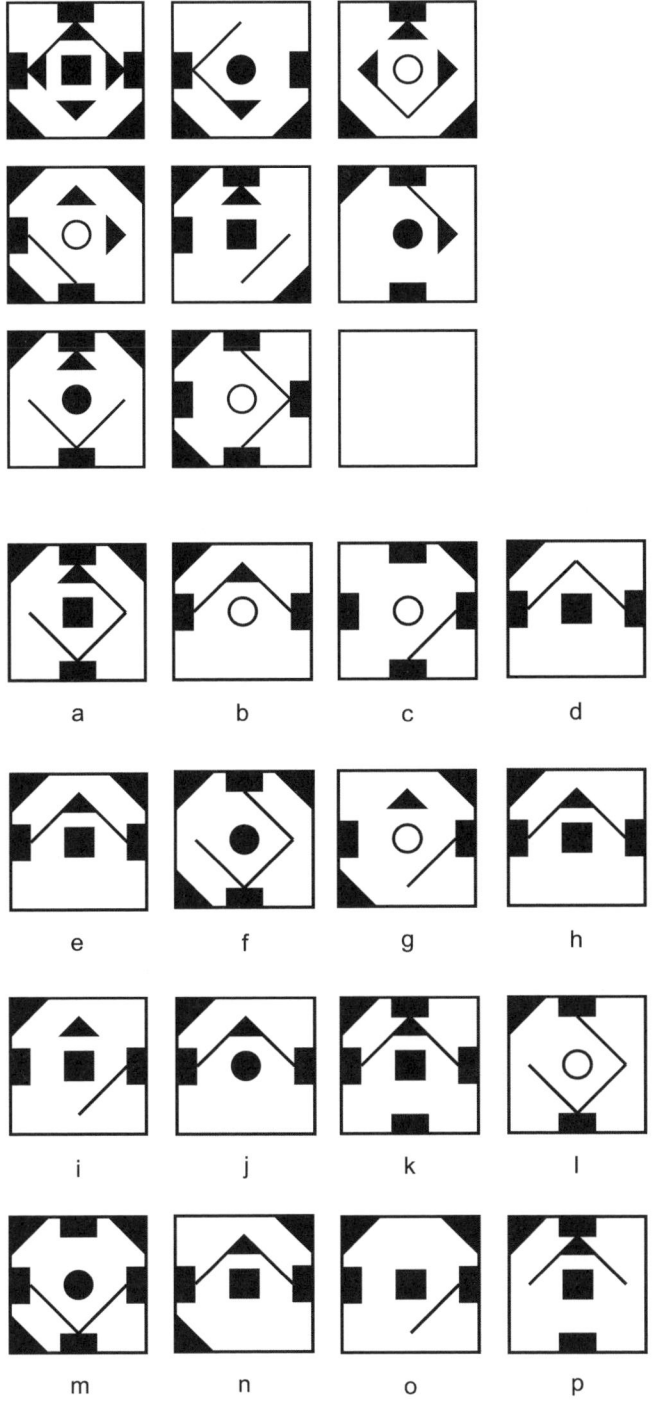

Aufgabe 9

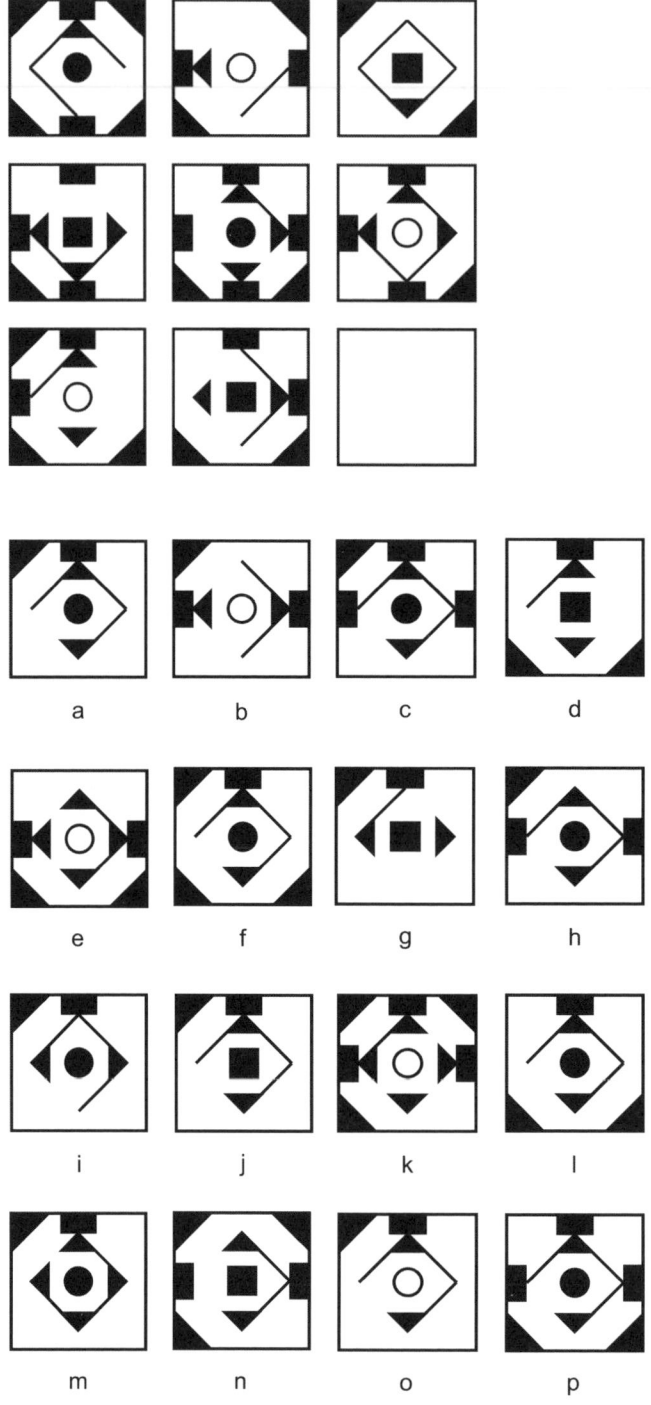

Aufgabe 10

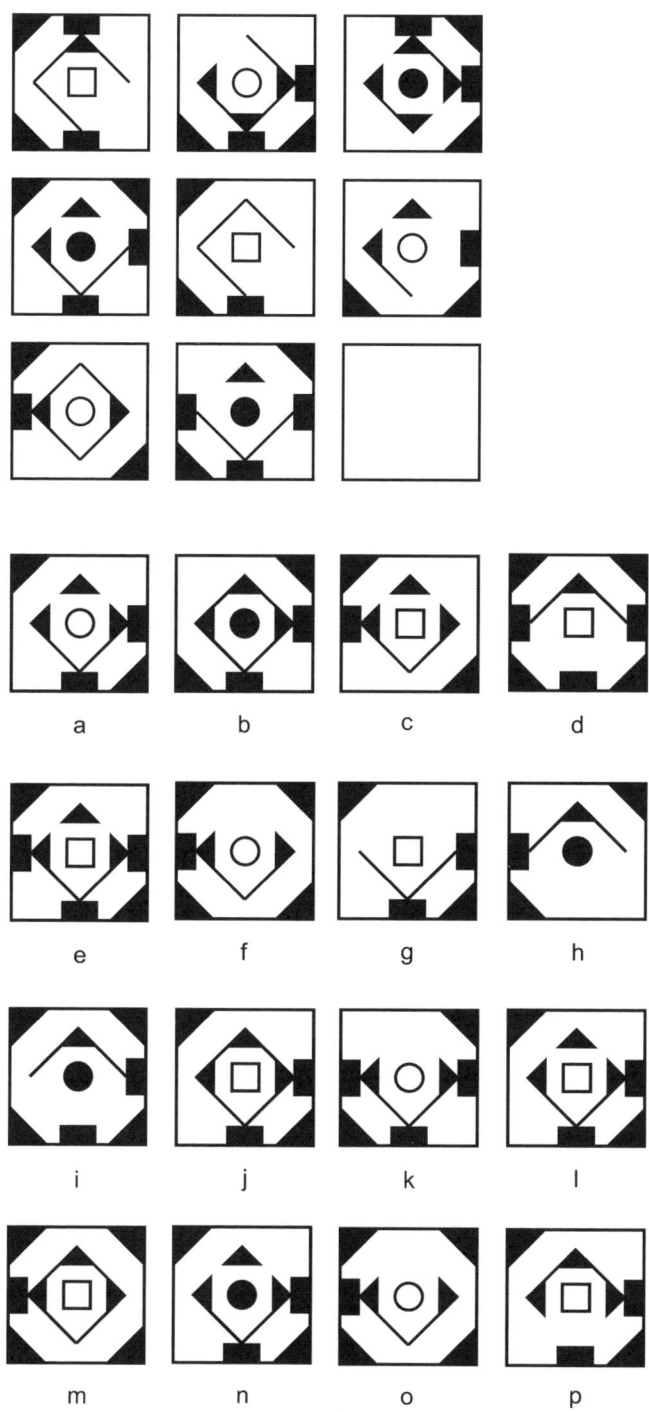

Aufgabe 11

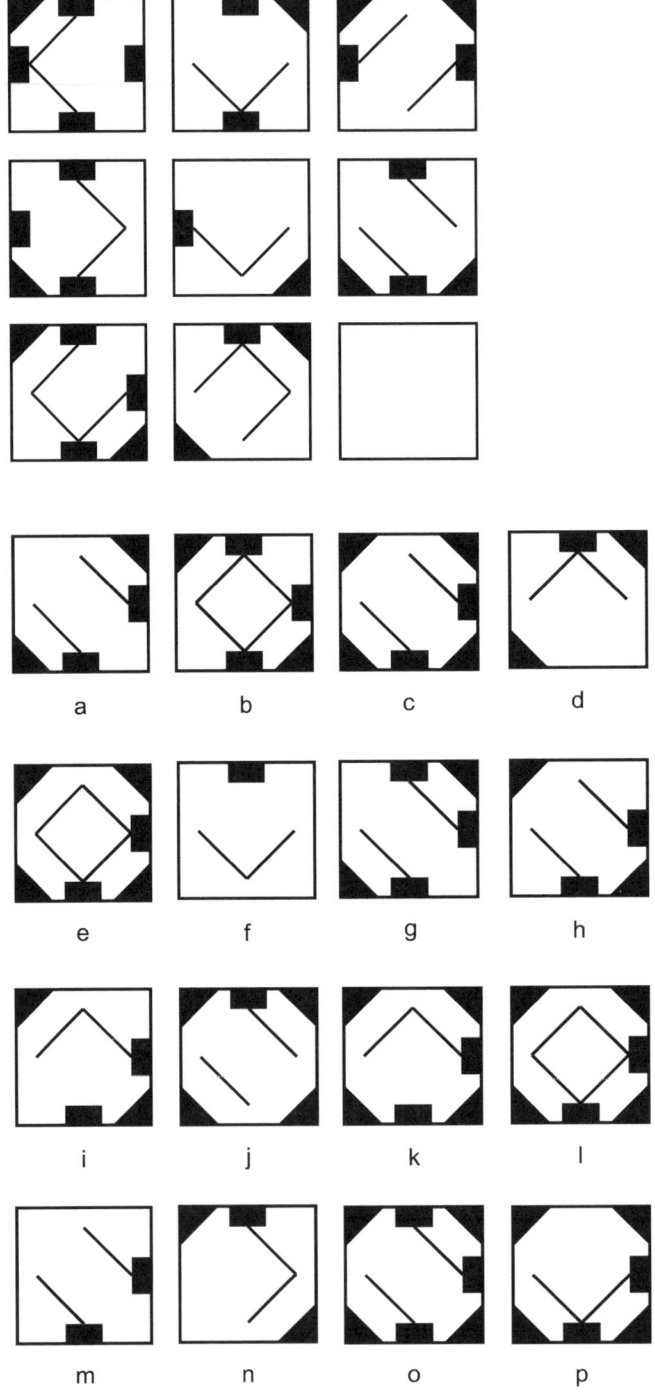

Aufgabe 12

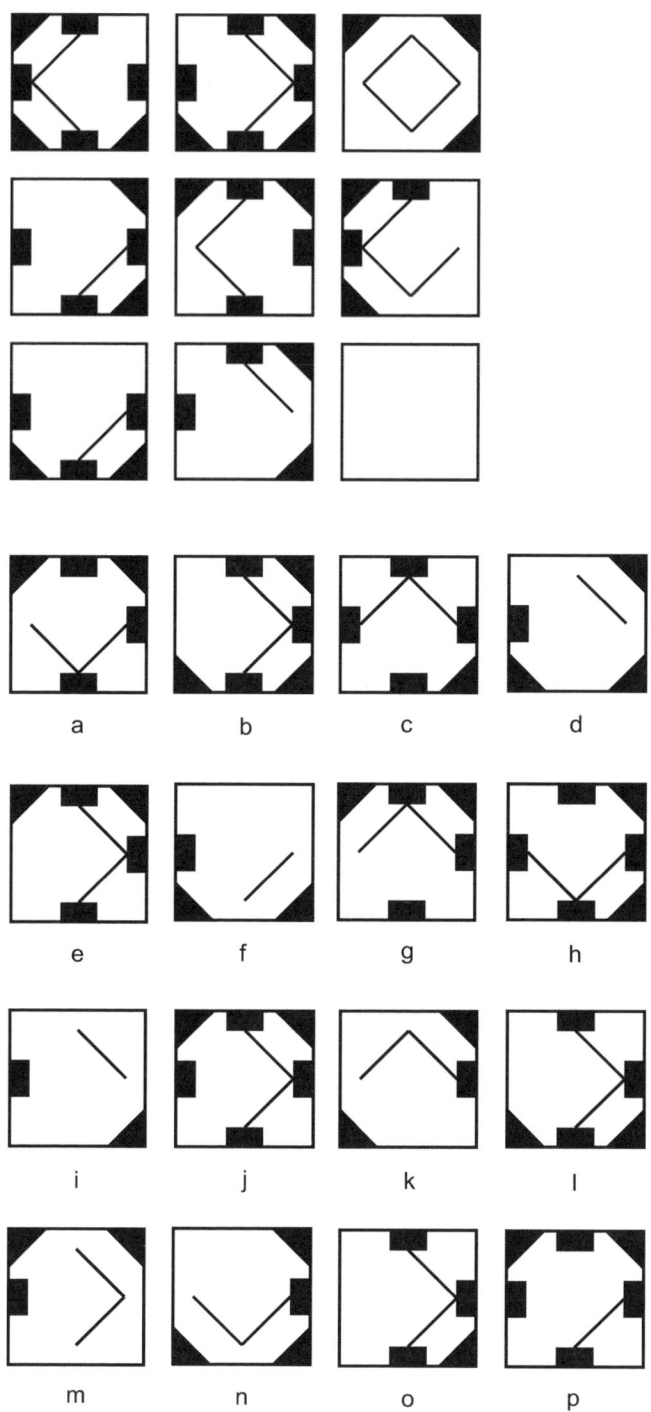

Aufgabe 13

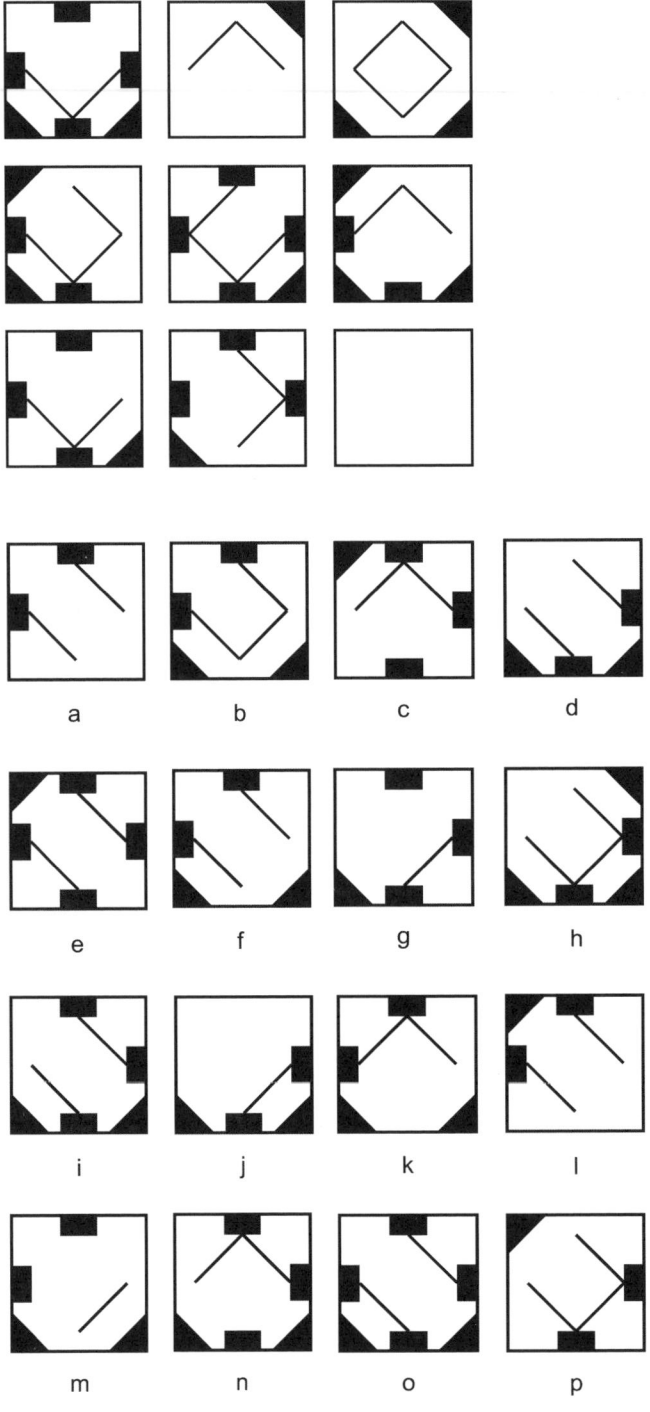

Aufgabe 14

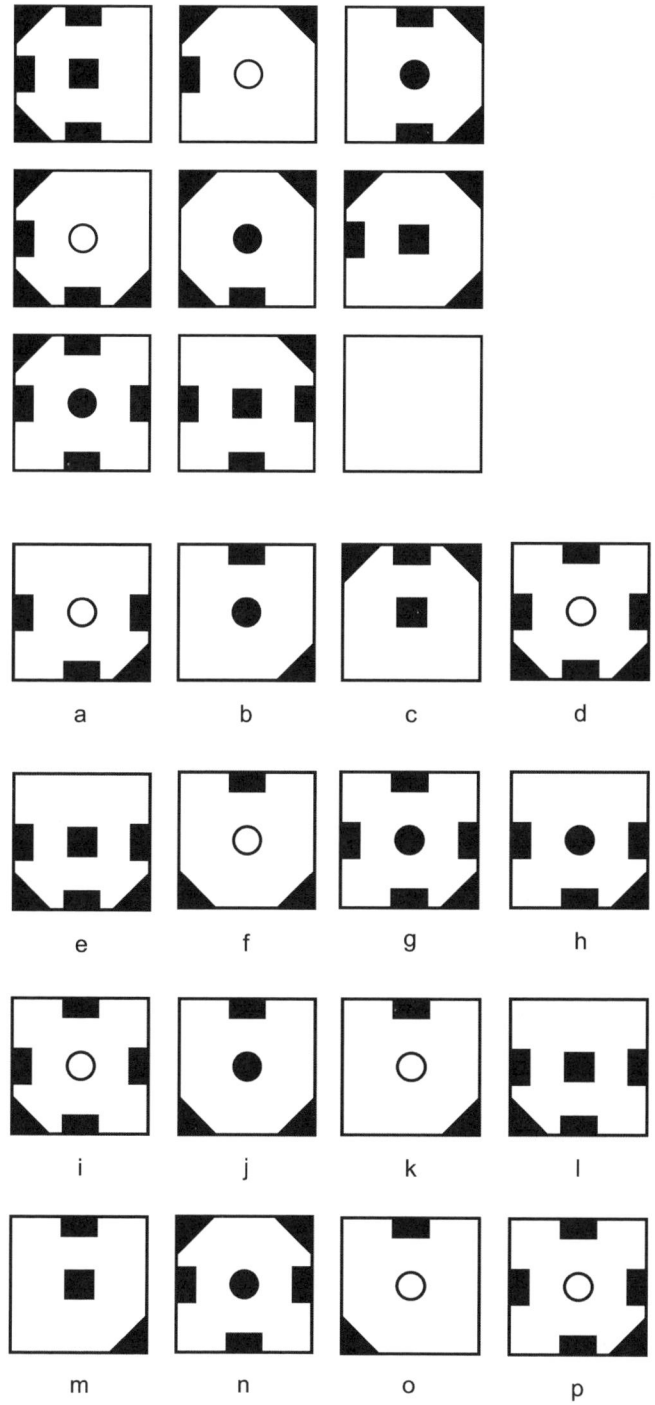

Aufgabe 15

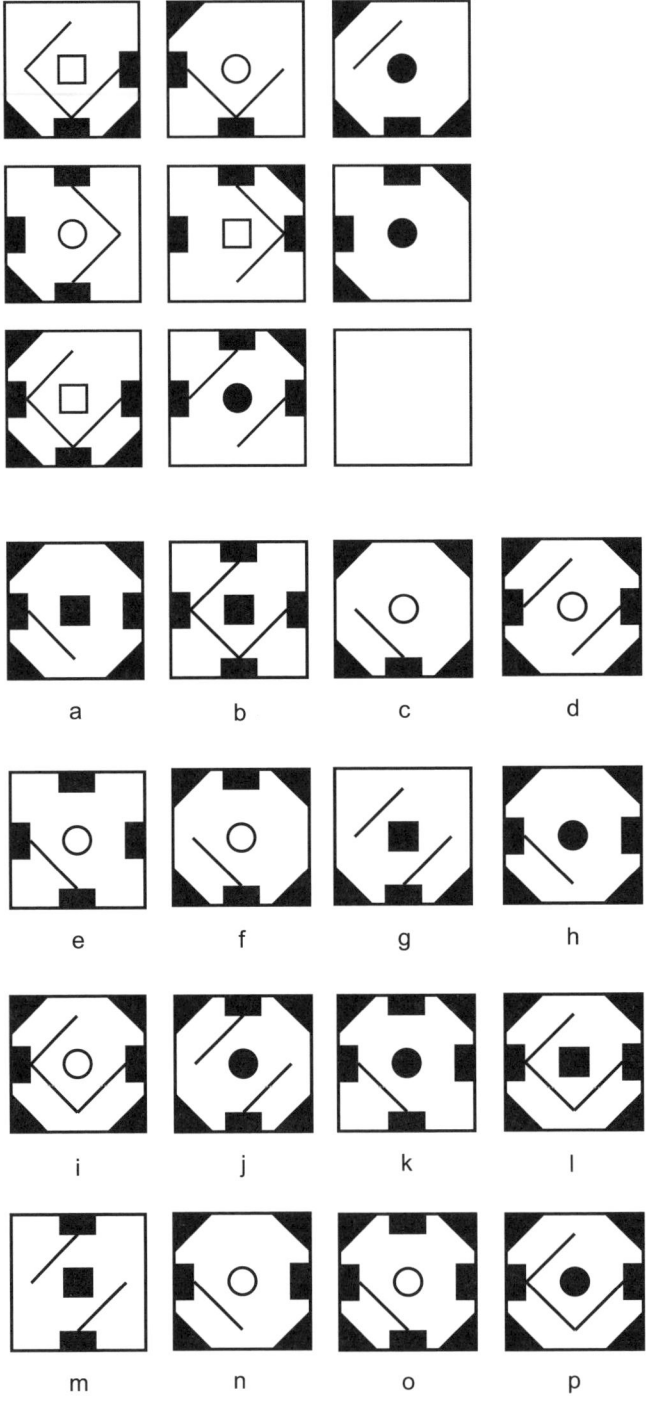

Aufgabe 16

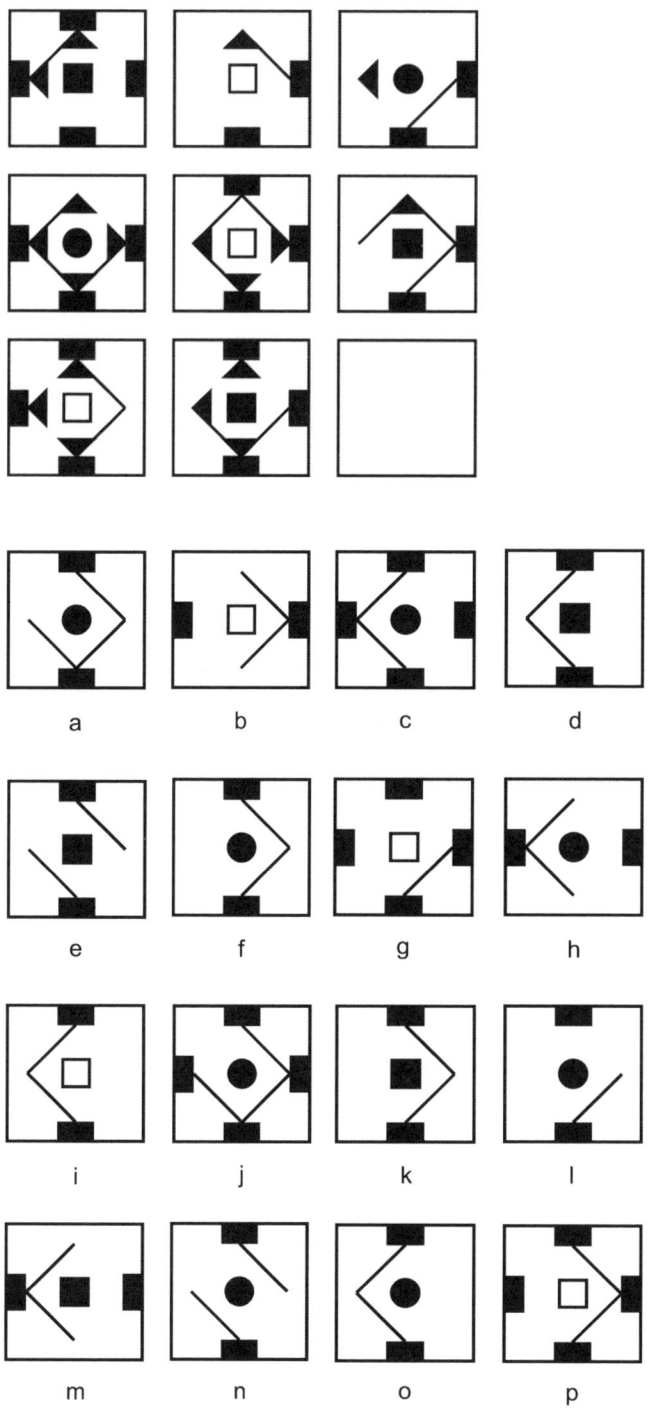

Aufgabe 17

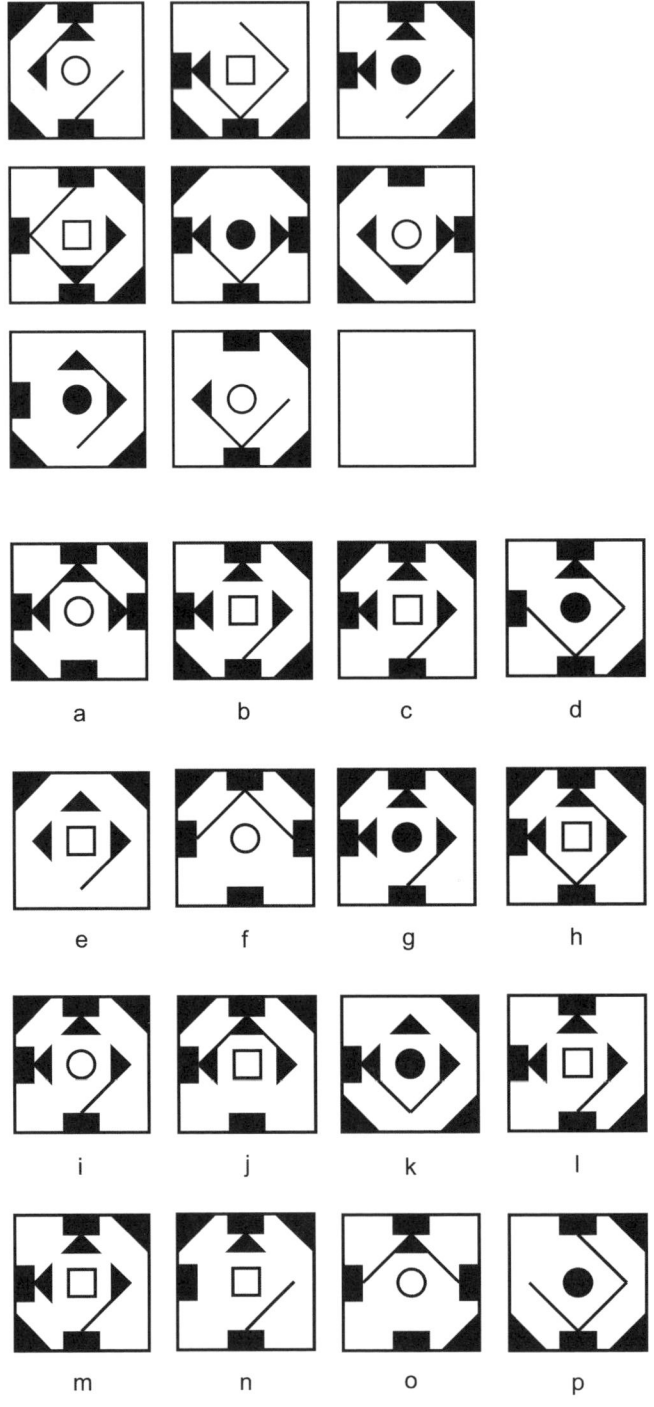

Aufgabe 18

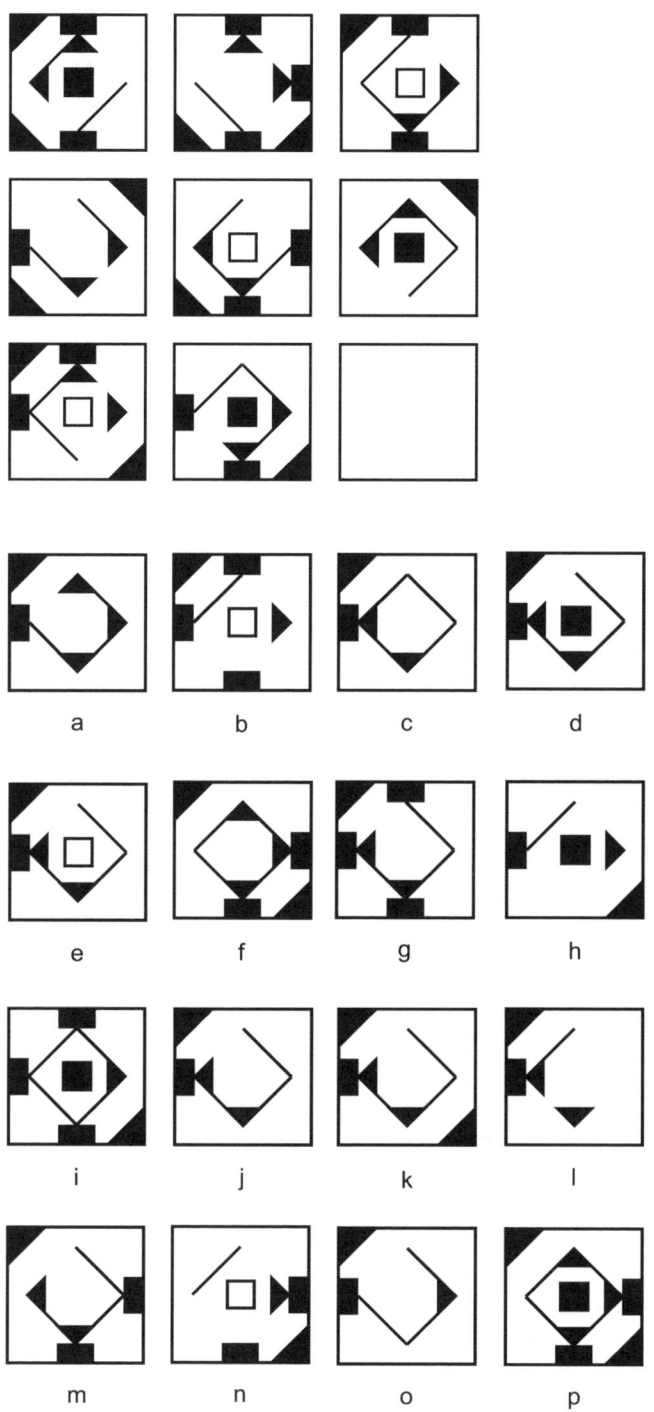

Aufgabe 19

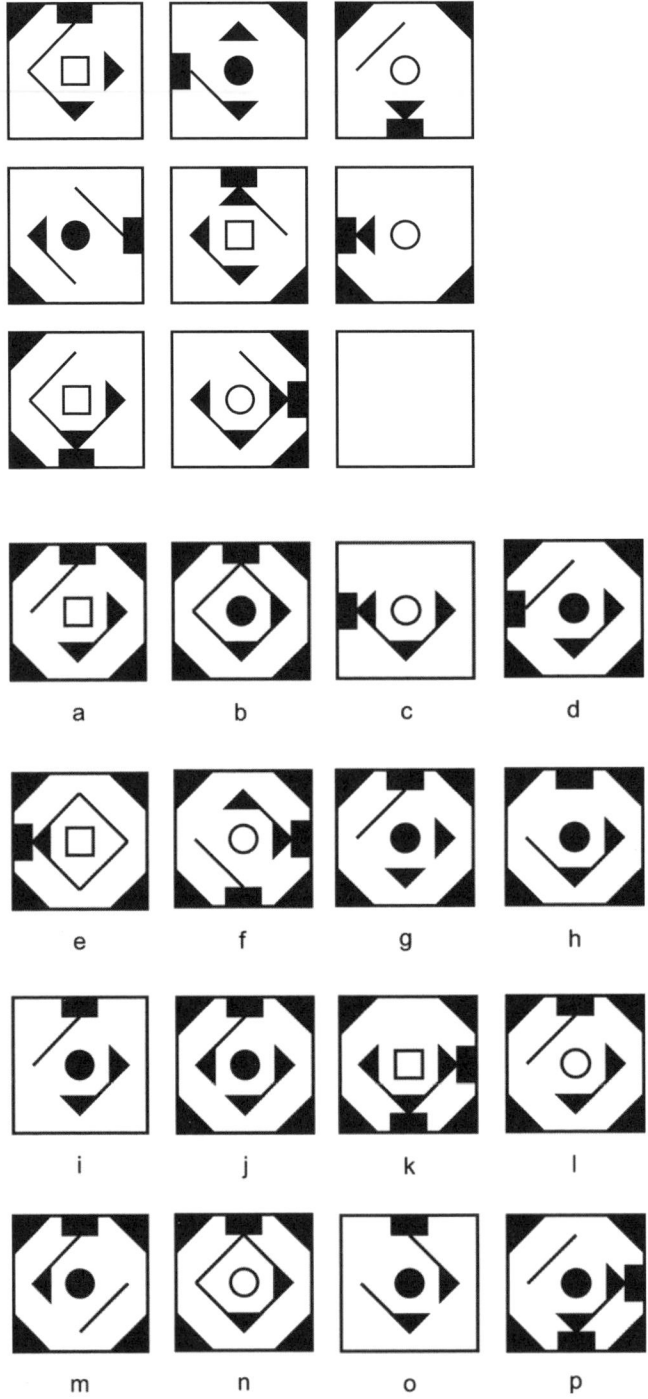

Aufgabe 20

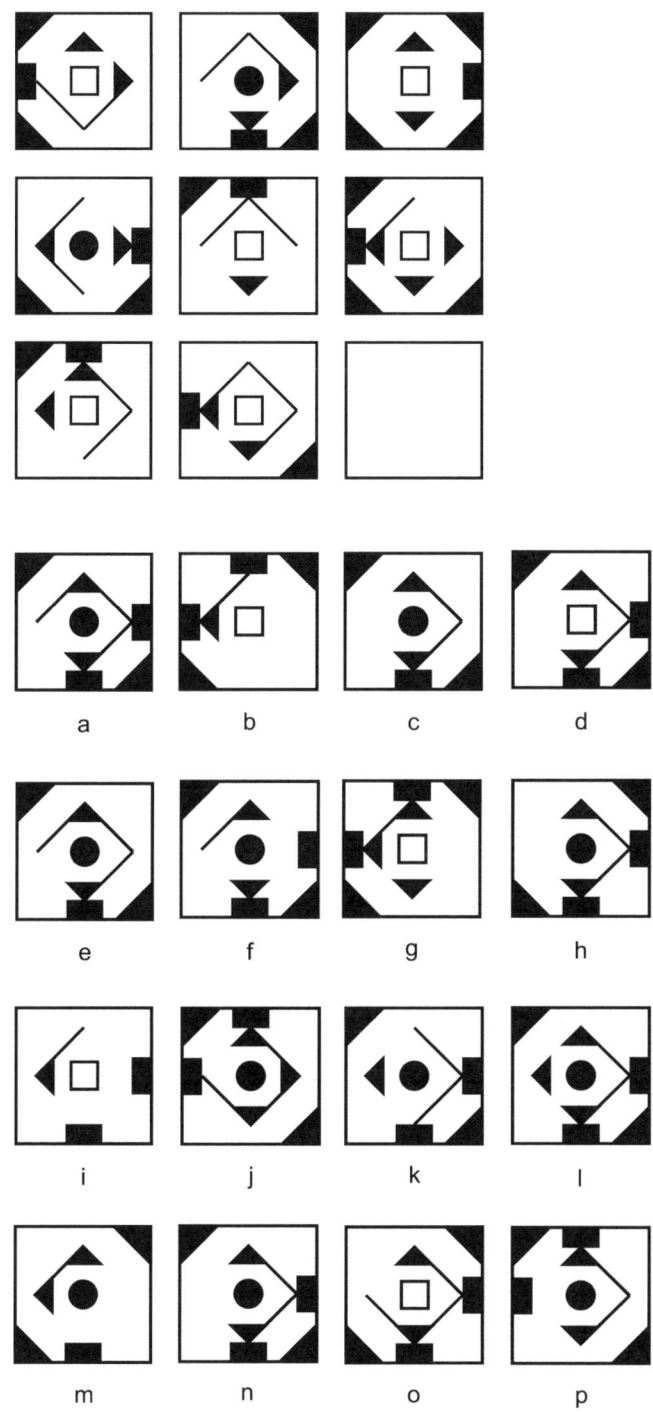

2. Testteil: Schlussfolgerndes Denken numerisch

Aufgabensteckbrief	
Instruktion	Im Folgenden sollen Sie Sachaufgaben bearbeiten, wie Sie sie aus dem Mathematikunterricht kennen. Sie sollen angeben, welche der vorgegebenen Antwortmöglichkeiten richtig ist. Es ist immer **nur eine** Antwortmöglichkeit richtig. Bitte vermerken Sie die korrekte Lösung.
Beispiel	**Aufgabe:** Eine Stunde hat 60 Minuten. Wie viele Minuten haben 2 Stunden? **Antwortmöglichkeiten:** a) 30 Minuten b) 60 Minuten c) 120 Minuten d) 180 Minuten
Korrekte Lösung	c
Menge an Aufgaben	20
Zeit (ohne Instruktion)	18 Minuten
Zulässigkeit von Notizen	**nicht** erlaubt

Aufgabe 1
Ein Garten besteht aus Rosen, Tulpen und Sonnenblumen. Insgesamt gibt es 120 Blumen im Garten. Die Anzahl der Tulpen beträgt das Dreifache der Anzahl der Rosen, und die Anzahl der Sonnenblumen ist um 20 höher als die Anzahl der Rosen. Wie viele Rosen gibt es im Garten?

a) 20
b) 30
c) 40
d) 50

Aufgabe 2
In einem Lagerhaus wird jede Woche die Anzahl der gelagerten Produkte (in Tausenden) aufgezeichnet:
Woche 1: 23
Woche 2: 81
Woche 3: 29
Woche 4: 27
Woche 5: 35
Woche 6: 9

Wie viele Produkte werden voraussichtlich in Woche 7 im Lagerhaus gelagert?

a) 41
b) 3
c) 97
d) 18

Aufgabe 3
Eine Kindergarten-Gruppe macht sich bereit für einen Ausflug. Es sind insgesamt 30 Kinder, die Hilfe der Erzieher*innen brauchen. Jedoch hat der Kindergarten leider einen Personalmangel, und es sind nur 2 Erzieher*innen vor Ort da. Jedes Kind benötigt ca. 5 Minuten beim Anziehen. Wie viel schneller würden die 2 Erzieher*innen die Kinder ausflugsbereit machen, wenn Eltern von 6 Kindern ihre Kinder schon zuhause für den Ausflug angezogen haben?

a) 30 Minuten
b) 20 Minuten
c) 25 Minuten
d) 15 Minuten

Aufgabe 4

In einer Umfrage wurden Abiturienten von zwei verschiedenen Schulformen (Gymnasium oder Gesamtschule) befragt, ob sie eher an naturwissenschaftlichen oder sprachlichen Inhalten interessiert sind. Dabei wurde festgestellt, dass unter den Abiturienten aus der Gesamtschule 12 % sprachliche Inhalte bevorzugen. Unabhängig von der Schulform bevorzugen 60 % aller Befragten naturwissenschaftliche Inhalte. 30 % der Befragten waren Abiturienten an der Gesamtschule. Wie viel Prozent der insgesamt Befragten sind Abiturienten von einem Gymnasium und bevorzugen naturwissenschaftliche Inhalte?

a) 18 %
b) 42 %
c) 70 %
d) 54 %

Aufgabe 5

Tim spielt Handball und hat von seinem Trainer die Aufgabe bekommen, in den nächsten 6 Tagen insgesamt 48 km zu laufen, um seine Ausdauer zu verbessern. Tim ist hochmotiviert und möchte nicht nur das geforderte Pensum erfüllen, sondern jeden Tag zusätzlich die Kilometer des Vortages wiederholen, um seine Leistung zu maximieren. Er hat täglich 1,5 Stunden Zeit, um zu laufen. Tim weiß, dass er für 4 km 30 Minuten benötigt. Wie viel Zeit kann er sich jeweils nehmen, um die gelaufenen Kilometer vom Vortag nochmal zu laufen?

a) 36 Minuten
b) 42 Minuten
c) 54 Minuten
d) 68 Minuten

Aufgabe 6

Fr. Müller besitzt ein Restaurant und notiert sich im Jahr 2022 jeden Monat, wie viele Portionen von ihrem monatlichen Special bestellt wurden:

Fr. Müller möchte das Special im kommenden Jahr nur anbieten, wenn sie pro Monat voraussichtlich mehr als 45 Portionen verkauft. Sie kalkuliert auf der Basis der Trends des Jahres 2022. Sollte es im Januar und Februar 2023 ein Special geben?

Januar: 30	Mai: 63	September: 9
Februar: 70	Juni: 27	Oktober: 75
März: 81	Juli: 60	November: 49
April: 45	August: 56	Dezember: 3

a) Ja, im Januar und Februar
b) Nein, weder im Januar noch im Februar
c) Ja, nur im Januar
d) Ja, nur im Februar

Aufgabe 7

Ein Unternehmen mit 500 Angestellten stellt fest, dass 80 % der Mitarbeiter*innen mindestens eine Fremdsprache beherrschen. Davon können 90 % Englisch. Von diesen spricht die Hälfte zusätzlich Französisch und 25 % der Englischsprechenden zusätzlich Spanisch. Wiederum die Hälfte der Angestellten, die Englisch und Französisch sprechen, kann auch Slowenisch. Auch die Hälfte derer, die Englisch und Spanisch können, sprechen zusätzlich Slowenisch.

Wie viele Angestellte sprechen als 3. Fremdsprache Slowenisch?

a) 140
b) 160
c) 155
d) 135

Aufgabe 8

In einem Spielzeugladen wurden an einem Tag insgesamt 284 Spielzeuge verkauft: Plüschtiere, Actionfiguren, Mal-Bücher und Farbkästen. Wie viele Plüschtiere wurden verkauft, wenn 56 verkaufte Spielzeuge zum Malen verwendet werden und 162 verkaufte Spielzeuge keine Actionfiguren sind?

a) 106
b) 122
c) 94
d) 118

Aufgabe 9

Es gibt an einer Universität 5 verschiedene Studiengänge: Politikwissenschaften, Wirtschaftsmathematik, Soziologie, Psychologie und Betriebswirtschaftslehre. Leider sind im System einige Daten verloren gegangen, und es sind nur noch folgende Daten vorhanden: Es gibt insgesamt 1.118 Studierende an der gesamten Universität. 640 Studierende sind für Wirtschaftsstudiengänge (BWL und WiMa) eingeschrieben. Insgesamt gibt es 120 Studierende für Wirtschaftsmathe. Es studieren insgesamt 380 Studierende entweder Politikwissenschaften, Wirtschaftsmathe oder Soziologie.

Wie viele Studierende sind in Psychologie eingeschrieben?

a) 900
b) 218
c) 320
d) 832

Aufgabe 10

Für eine Fachschaftssitzung müssen noch einige Getränke besorgt werden. Insgesamt nehmen 150 Personen an der Sitzung teil. 30 % der Personen wünschen sich Softgetränke zu dem Anlass, diese kosten 2,50 €. 40 % wünschen sich Wasser, welches nur 2 € kostet. 10 % der Personen verzichten auf ihr Getränk. Die restlichen Personen wünschen sich einen einfachen Kaffee, der 0,50 € kostet.

Wie viel Geld muss die Fachschaft für die Getränke für diese Sitzung einplanen?

a) 260 €
b) 252,50 €
c) 185,50 €
d) 247,50 €

Aufgabe 11

In einem Reisebüro wurden im letzten Monat 579 Reisen gebucht: nach Madrid, Lissabon, Paris, London und Barcelona. Wie viele Reisen wurden nach Lissabon gebucht, wenn 257 der gebuchten Reisen nach Spanien gehen, 13 Reisen nach Paris und 378 Reisen nicht nach London?

a) 233
b) 145
c) 108
d) 268

Aufgabe 12

An einer Universität erhalten die besten 5 Studierenden Stipendien im Wert von insgesamt 10.000 €. Der oder die Beste erhält ein Stipendium, welches 45 % des Gesamtbetrages umfasst. Die zweitbeste Person erhält 2.320 € weniger als die erste. Die drittbeste Person erhält 10 % weniger als die zweite. Die Studierenden auf Platz 4 und 5 erhalten gleich viel Geld. Wie viel Geld umfasst das Stipendium von Person 5?

a) 787 €
b) 528 €
c) 679 €
d) 956 €

Aufgabe 13

Ein Supermarkt nimmt die neue Produktreihe an Marmeladensorten in sein Sortiment auf. Jede Woche werden die Verkaufszahlen zusammengefasst, um zu überprüfen, ob sich der Verkauf der Marmeladen lohnt. Wie viele verkaufte Marmeladen kann der Supermarkt in Woche 8 erwarten?

Woche 1: 8   Woche 5: 18
Woche 2: 37   Woche 6: 111
Woche 3: 12   Woche 7: 27
Woche 4: 74

a) 148
b) 33
c) 137
d) 42

Aufgabe 14

Die Klassenstufe 4 einer Grundschule plant einen Ausflug und benötigt 120 Lunchpakete. Die Schulkantine bereitet diese zu und hat eine Auswahl zwischen vier Arten von Lunchpaketen: Glutenfrei, mit Tofu, mit Käse und mit Hühnchen. $1/7$ der Lunchpakete mit Tofu entsprechen der Anzahl der Lunchpakete mit Hühnchen. Die Anzahl der Lunchpakete mit Käse ist das Dreifache der Lunchpakete mit Hühnchen. 56 der Lunchpakete sind mit Tofu. Wie viele glutenfreie Lunchpakte muss die Schulkantine zubereiten?

a) 88
b) 9
c) 26
d) 32

Aufgabe 15
Ein Freizeitpark beschließt, eine neue Themenwelt zu eröffnen. Diese umfasst insgesamt 40 neue Attraktionen: Karusselle, Achterbahnen, Rutschen und Bällebäder. Es gibt doppelt so viele Karusselle wie Bällebäder, 20 % der Attraktionen in der neuen Themenwelt sind Karusselle. Die Anzahl der Achterbahnen ist ⅓ der Anzahl an Karussellen und Bällebädern zusammen. Wie viele Rutschen wird es in der neuen Themenwelt geben?

a) 15
b) 8
c) 10
d) 24

Aufgabe 16
Drei berühmte Sängerinnen geben in Berlin um 19 Uhr ein gemeinsames Konzert. Sängerin 1 lebt in Berlin und fährt mit einem Taxi 30 Minuten zum Veranstaltungsort. Sängerin 2 kommt mit der Bahn aus dem Osten Deutschlands und braucht für die Strecke regulär das Vierfache der Zeit von Sängerin 1. Die Bahn verspätet sich. Die Verspätung beträgt das Doppelte der regulären Zeit für die Strecke. Sängerin 3 reist aus den USA mit dem Flugzeug an und benötigt das 1,5-fache der gesamten Zeit von Sängerin 2. Sie steigt um 09:37 Uhr in das Flugzeug, hat jedoch vergessen, die Strecke von 45 Minuten vom Flughafen zum Veranstaltungsort zu berücksichtigen. Wie viele Minuten später kann das Konzert starten?

a) 37 Minuten
b) 22 Minuten
c) 41 Minuten
d) 54 Minuten

Aufgabe 17
Ein Reiseunternehmen bietet Reisen innerhalb von Deutschland zum Preis von 500 € an. Wird eine Reise 6 Monate im Voraus gebucht, gibt es 15 % Frühbucherrabatt. Bei einer Buchung von 9 Monaten im Voraus werden nochmal 20 % auf den Preis mit dem Frühbucherrabatt von 6 Monaten erlassen. Wie hoch ist die prozentuale Ersparnis, die man durch eine Buchung 9 Monate im Voraus erreichen kann?

a) 28 %
b) 32 %
c) 35 %
d) 25 %

Aufgabe 18

In einem Supermarkt werden an einem Tag insgesamt 857 Lebensmittelprodukte verkauft: Obst, Gemüse, Fleisch und Milchprodukte. Wie viel Obst wurde verkauft, wenn 385 der verkauften Lebensmittel tierische Produkte waren und 599 der verkauften Lebensmittel kein Gemüse waren?

a) 186
b) 355
c) 447
d) 214

Aufgabe 19

Ein Biologe untersucht im Rahmen einer Forschungsarbeit das Verhalten von 80 Insekten: Schmetterlinge, Bienen, Ameisen und Asseln. Wie viele Ameisen hat der Biologe beobachtet, wenn 40 Insekten Flügel hatten und 68 Insekten keine Asseln waren?

a) 12
b) 20
c) 24
d) 28

Aufgabe 20

Ein Unternehmen bietet seinen Mitarbeitern einen Bonus von 500 €, wenn sie ein bestimmtes Projekt bis zu einem festgelegten Stichtag abschließen. Wenn das Projekt eine Woche vor diesem Datum abgeschlossen wird, erhöht sich der Bonus um 35 % des ursprünglichen Betrags. Wenn das Projekt jedoch einen Monat vor dem Stichtag abgeschlossen wird, erhält der Mitarbeiter einen Bonus, der 15 % höher ist als der, den er erhalten würde, wenn er eine Woche früher fertig wäre. Wie hoch ist der Bonus, den ein Mitarbeiter einen Monat vor dem Stichtag erhalten würde?

a) 759,25 €
b) 765,75 €
c) 776,25 €
d) 778,75 €

3. Testteil:
Schlussfolgerndes Denken verbal

Aufgabensteckbrief	
Instruktion	In dieser Aufgabe sehen Sie zwei oder mehr Aussagen, die fiktive Handlungen oder Zustände beschreiben. Diese Aussagen können auf drei Arten miteinander verbunden sein:

Verknüpfung	Beispiel	Erläuterung
und	Der Hund rennt **und** Tom wirft den Ball.	**Beide** Aussagen treffen zu.
oder	Der Hund rennt **oder** Tom wirft den Ball.	**Mindestens eine** der beiden Aussagen trifft zu. Es können aber auch beide Aussagen zutreffen.
... genau dann, wenn ...	Der Hund rennt **genau dann, wenn** Tom den Ball wirft.	**Beide Aussagen treffen zu oder beide Aussagen treffen nicht zu.** Es ist aber unmöglich, dass nur eine der Aussagen zutrifft.

3. Testteil: Schlussfolgerndes Denken verbal

	Zu den Aussagen werden Ihnen nun mehrere Schlussfolgerungen vorgegeben. Bei jeder Aufgabe ist **nur eine** Schlussfolgerung richtig. Richtig bedeutet logisch zwingend aus den Vorgaben ableitbar. Die anderen Folgerungen sind entweder falsch oder lassen sich nicht zwingend aus den Vorgaben ableiten. Bitte vermerken Sie die korrekte Lösung.
Beispiel	**Aufgabe:** Der Hund rennt genau dann, wenn Tom den Ball wirft. Der Hund rennt. Tom wirft den Ball oder redet mit Lisa. **Antwortmöglichkeiten:** a) Tom wirft den Ball. b) Tom wirft den Ball nicht. c) Tom redet mit Lisa. d) Tom redet nicht mit Lisa.
Korrekte Lösung	a
Menge an Aufgaben	20
Zeit (ohne Instruktion)	18 Minuten
Zulässigkeit von Notizen	**nicht** erlaubt

Aufgabe 1
Burak kocht oder Noah isst im Restaurant.
Noah isst genau dann im Restaurant, wenn Burak nicht kocht.
Burak kocht nicht und Katharina geht spazieren.
Katharina geht spazieren oder Burak kocht nicht.

a) Noah isst im Restaurant und Katharina geht spazieren.
b) Burak kocht und Noah isst im Restaurant.
c) Katharina geht nicht spazieren und Burak kocht nicht.
d) Burak kocht nicht und Noah isst nicht im Restaurant.

Aufgabe 2
Lena liest ein Buch oder Frida schaut fern.
Frida schaut genau dann fern, wenn Lena kein Buch liest.
Andrey trinkt Kaffee oder Lena liest kein Buch.
Lena liest kein Buch und Andrey trinkt Kaffee.

a) Frida schaut fern und Andrey trinkt Kaffee.
b) Frida schaut fern und Lena liest ein Buch.
c) Frida schaut kein Fernsehen und Lena liest ein Buch.
d) Frida schaut kein Fernsehen und Nina trinkt keinen Kaffee.

Aufgabe 3
Melissa fährt Fahrrad oder Max geht spazieren.
Max geht genau dann spazieren, wenn das Wetter schön ist.
Jona spielt Handball oder Melissa fährt kein Fahrrad.
Das Wetter ist schön und Jona spielt Handball.

a) Jona spielt Handball und Max geht spazieren.
b) Max geht nicht spazieren und Melissa fährt Fahrrad.
c) Das Wetter ist schlecht und Melissa fährt Fahrrad.
d) Melissa fährt kein Fahrrad und Jona spielt Handball.

Aufgabe 4
Oma geht nicht mit dem Hund spazieren oder Papa räumt die Küche auf.
Mama telefoniert nicht oder Oma geht mit dem Hund spazieren.
Papa räumt genau dann die Küche auf, wenn es Wochenende ist.
Es ist Mittwoch und Mama telefoniert nicht.

a) Papa räumt die Küche auf und Mama telefoniert nicht.
b) Oma geht mit dem Hund spazieren und es ist Wochenende.
c) Mama telefoniert nicht und Papa räumt die Küche nicht auf.
d) Es ist nicht Wochenende und Mama telefoniert.

Aufgabe 5
Lena trinkt Tee oder Yusuf macht keinen Sport.
Yusuf macht Sport oder Tom schläft.
Tom schläft genau dann, wenn Yusuf keinen Sport macht.
Yusuf macht keinen Sport und Lena trinkt Tee.

a) Lena trinkt Tee und Tom schläft nicht.
b) Tom schläft und Lena trinkt Tee.
c) Yusuf macht Sport und Tom schläft.
d) Tom schläft nicht und Yusuf macht keinen Sport.

Aufgabe 6
Florian spielt Gitarre oder Xanthe liest Gedichte.
Friedrich tanzt und Yasmin trinkt Kaffee.
Xanthe liest genau dann Gedichte, wenn Friedrich nicht tanzt.
Yasmin trinkt Kaffee oder Florian spielt keine Gitarre.

a) Xanthe liest Gedichte und Friedrich tanzt nicht.
b) Florian spielt Gitarre und Yasmin trinkt keinen Kaffee.
c) Yasmin trinkt keinen Kaffee und Friedrich tanzt nicht.
d) Florian spielt Gitarre und Xanthe liest keine Gedichte.

Aufgabe 7
Julia liest kein Buch oder Peter ruft an.
Peter ruft genau dann nicht an, wenn Zeynep einen Brief schreibt.
Julia liest ein Buch oder Zeynep schreibt keinen Brief.
Zeynep schreibt keinen Brief und Julia liest ein Buch.

a) Julia liest ein Buch und Peter ruft nicht an.
b) Peter ruft an und Julia liest ein Buch.
c) Peter ruft nicht an und Zeynep schreibt einen Brief.
d) Zeynep schreibt keinen Brief und Peter ruft nicht an.

Aufgabe 8
Christian ist unglücklich oder Annette ist nicht stolz.
Jakob fährt Zug oder Hannes macht Urlaub in Spanien.
Hannes ist genau dann gesprächig, wenn er Zeit hat und nicht lernen muss.
Hannes macht genau dann Urlaub in Spanien, wenn er Zeit hat.
Annette ist stolz und Hannes macht Urlaub in Spanien.

a) Christian ist unglücklich und Hannes hat Zeit.
b) Christian ist nicht unglücklich und Hannes ist gesprächig.
c) Hannes ist spontan und Christian ist unglücklich.
d) Christian ist unglücklich und Hannes muss nicht lernen.

Aufgabe 9

Nikolai liest einen Krimi oder Paul springt in den See.
Evelina pflanzt keinen neuen Baum oder Thaddeus turnt auf einem Trampolin.
Orlando reist in Schweden oder Aurelia ist traurig.
Thaddeus turnt genau dann auf einem Trampolin, wenn Isolde nicht strickt und Nikolai keinen Krimi liest.
Evelina pflanzt einen neuen Baum und Thaddeus turnt auf einem Trampolin.

a) Paul springt in den See und Isolde strickt nicht.
b) Thaddeus turnt nicht auf einem Trampolin und Paul springt in den See.
c) Isolde strickt nicht und Aurelia ist nicht traurig.
d) Aurelia ist traurig und Thaddeus turnt auf einem Trampolin.

Aufgabe 10

Charly kocht Nudeln oder Benjamin meditiert.
Diana macht einen Handstand oder Gabriel geht mit seinem Hund spazieren.
Diana macht genau dann einen Handstand, wenn sie gelangweilt ist.
Charly kocht genau dann Nudeln, wenn sie Hunger hat.
Benjamin meditiert genau dann, wenn Gabriel mit seinem Hund spazieren geht.
Gabriel geht nicht mit seinem Hund spazieren.

a) Charly hat keinen Hunger und Gabriel geht nicht mit seinem Hund spazieren.
b) Diana macht keinen Handstand und Charly kocht keine Nudeln.
c) Benjamin meditiert und Gabriel geht nicht mit seinem Hund spazieren.
d) Charly hat Hunger und Diana ist gelangweilt.

Aufgabe 11

Andrea ist genau dann nicht wütend, wenn sie zu ihrem Vater fährt oder Nele ihr eine neue Serie zeigt.
Sören ist genau dann zufrieden, wenn Andrea nicht wütend ist.
Gideon fotografiert genau dann die Blumen nicht, wenn Vera Klarinette spielt.
Nele zeigt Andrea eine neue Serie und Vera spielt Klarinette.

a) Andrea fährt zu ihrem Vater und sie ist nicht wütend.
b) Sören ist zufrieden und Andrea fährt zu ihrem Vater.
c) Gideon fotografiert nicht die Blumen und Andrea ist wütend.
d) Sören ist zufrieden und Gideon fotografiert nicht die Blumen.

Aufgabe 12

Mia nimmt nicht an einem Poetry-Slam Wettbewerb teil.
Alex vermisst seine Eltern oder Mia nimmt an einem Poetry-Slam Wettbewerb teil.
Mia nimmt genau dann an einem Poetry-Slam Wettbewerb teil, wenn Lukas besorgt ist oder Max einen bösen Plan verfolgt.
Erik isst genau dann kein Fleisch, wenn Mia an einem Poetry-Slam Wettbewerb teilnimmt.

a) Alex vermisst seine Eltern und Erik isst Fleisch.
b) Max verfolgt keinen bösen Plan und Erik isst kein Fleisch.
c) Lukas ist nicht besorgt und Alex vermisst seine Eltern nicht.
d) Lukas ist besorgt und Alex vermisst seine Eltern.

Aufgabe 13

Harry fliegt auf seinem Besen und Ron spielt Schach.
Ron muss genau dann nicht nachsitzen, wenn er seine Hausaufgaben in Zaubertränke erledigt hat.
Hermine ist in der Bibliothek oder Neville hat nichts vergessen.
Harry fliegt genau dann auf seinem Besen, wenn gezaubert wurde.
Ron spielt genau dann Schach, wenn er nicht nachsitzen muss und Neville etwas vergessen hat.

a) Ron hat seine Hausaufgaben in Zaubertränke erledigt und Hermine ist nicht in der Bibliothek.
b) Es wurde gezaubert und Ron muss nachsitzen.
c) Ron hat seine Hausaufgaben in Zaubertränke erledigt und es wurde gezaubert.
d) Hermine ist nicht in der Bibliothek und Harry fliegt auf seinem Besen.

Aufgabe 14

Die Referendarin kontrolliert die Hausaufgaben oder die Klasse 8a macht eine Exkursion.
Es fällt keine Schulstunde aus oder die Schüler*innen wünschen sich mehr Gruppenarbeiten.
Der Lehrer zeigt genau dann einen Film im Unterricht, wenn die Klasse 6b keinen Mathetest schreibt und die Schüler*innen sich mehr Gruppenarbeiten wünschen.
Die Klasse 6b schreibt genau dann einen Mathetest, wenn keine Pause ist und die Klasse 8a keine Exkursion macht.
Es fallen mehrere Schulstunden aus und die Klasse 6b schreibt einen Mathetest.

a) Die Schüler*innen wünschen sich weniger Gruppenarbeiten und die Klasse 6b schreibt einen Mathetest.
b) Die Klasse 8a macht keine Exkursion und es ist keine Pause.
c) Die Klasse 8a macht eine Exkursion und die Klasse 6b schreibt einen Mathetest.
d) Der Lehrer zeigt einen Film im Unterricht und es ist keine Pause.

Aufgabe 15

Im Café ist nicht viel los oder es riecht nach frisch gebrühtem Kaffee.
Leonie bestellt einen Apfelkuchen oder Nikolas trinkt einen großen Cappuccino.
Die Tische sind nicht mit Blumen geschmückt oder Luna arbeitet an ihrem Laptop.
Nikolas trinkt genau dann einen großen Cappuccino, wenn der Mitarbeiter die Bestellungen vertauscht und im Café ist viel los.
Leonie bestellt keinen Apfelkuchen und die Tische sind mit Blumen geschmückt.

a) Es riecht nicht nach frisch gebrühtem Kaffee und im Café ist nicht viel los.
b) Es riecht nach frisch gebrühtem Kaffee und Nikolas trinkt einen kleinen Cappuccino.
c) Luna arbeitet an ihrem Laptop und der Mitarbeiter vertauscht die Bestellungen.
d) Luna arbeitet nicht an ihrem Laptop und Nikolas trinkt einen großen Cappuccino.

Aufgabe 16

Meryem geht im Discounter einkaufen oder Sophie streichelt ihre Katzen zuhause.
Clara geht genau dann Fahrrad fahren, wenn Tom zocken geht und Maria Spaghetti kocht.
Meryem geht nicht im Discounter einkaufen und Tom geht nicht zocken.
Berkant hört Musik auf seinem Schallplattenspieler oder Sophie streichelt ihre Katzen nicht zuhause.
Anita kauft sich ein neues Kleid oder Berkant hört keine Musik auf seinem Schallplattenspieler.

a) Clara geht nicht Fahrrad fahren und Sophie streichelt ihre Katzen nicht zuhause.
b) Anita kauft sich kein neues Kleid und Maria kocht Spaghetti.
c) Anita kauft sich ein neues Kleid und Sophie streichelt ihre Katzen zuhause.
d) Berkant hört keine Musik auf seinem Schallplattenspieler und Clara geht Fahrrad fahren.

Aufgabe 17

Viktoria hat kein Geburtstagsgeschenk oder es feiert niemand Geburtstag.
Heinrich versteckt keine Geschenke und Natalie backt Kuchen.
Natalie backt Kuchen, genau dann, wenn jemand Geburtstag feiert.
Heinrich versteckt Geschenke oder die Gäste warten auf den Kuchen.
Die Gäste warten genau dann nicht auf den Kuchen, wenn ein Geburtstagslied gesungen wird.

a) Viktoria hat kein Geburtstagsgeschenk und es wird kein Geburtstagslied gesungen.
b) Es feiert niemand Geburtstag und Natalie backt Kuchen.
c) Viktoria hat ein Geburtstagsgeschenk und die Gäste warten nicht auf den Kuchen.
d) Es wird ein Geburtstagslied gesungen und jemand feiert Geburtstag.

Aufgabe 18

Mark kocht ein leckeres Abendessen und Susi geht mit ihrer Freundin ein Eis essen.
Mark kocht genau dann kein leckeres Abendessen, wenn Jason kein Tischtennis spielt und Tim tanzen geht.
Susi geht mit ihrer Freundin ein Eis essen oder Louisa freut sich auf das Fußballspiel.
Louisa freut sich genau dann auf das Fußballspiel, wenn Tim nicht tanzen geht.

a) Mark kocht ein leckeres Abendessen und Louisa freut sich nicht auf das Fußballspiel.
b) Tim geht tanzen und Jason spielt kein Tischtennis.
c) Louisa freut sich auf das Fußballspiel und Tim geht nicht tanzen.
d) Tim geht nicht tanzen und Mark kocht kein leckeres Abendessen

Aufgabe 19

Martina besucht eine Vorlesung und Klaus trinkt einen Kaffee.
Sophie nimmt an einer Studie teil oder Elena trinkt keinen Tee.
Martina besucht keine Vorlesung oder Robert arbeitet an einem neuen Projekt.
Klaus trinkt genau dann einen Kaffee, wenn Elena einen Tee trinkt.
Robert arbeitet genau dann an einem neuen Projekt, wenn er eine neue Idee hat.
Sophie nimmt genau dann an keiner Studie teil, wenn Maria zu Besuch kommt.

a) Elena trinkt keinen Tee und Robert arbeitet an keinem neuen Projekt.
b) Maria kommt zu Besuch und Sophie nimmt an keiner Studie teil.
c) Robert hat keine neue Idee und Maria kommt nicht zu Besuch.
d) Robert hat eine neue Idee und Sophie nimmt an einer Studie teil.

Aufgabe 20

Antonia geht spazieren oder Vera spielt eine Runde Dart.
Tom isst sein Lieblingsessen nicht oder die Katze liegt im Garten.
Sara kauft sich ein neues Spiel und Tom isst sein Lieblingsessen.
Die Katze liegt genau dann im Garten, wenn die Sonne draußen scheint.
Vera spielt genau dann eine Runde Dart, wenn Sara sich ein neues Spiel kauft.

a) Vera spielt eine Runde Dart und die Sonne scheint draußen.
b) Antonia geht nicht spazieren und die Katze liegt nicht im Garten.
c) Tom isst sein Lieblingsessen nicht und die Sonne scheint draußen.
d) Sara kauft sich kein neues Spiel und Antonia geht spazieren.

4. Testteil: Psychologieverständnis deutsch

Aufgabensteckbrief	
Instruktion	Sie werden in diesem Testteil **3 Texte** lesen. Einige Texte sind um eine Tabelle oder Abbildung ergänzt. Zu jedem Textabschnitt werden Ihnen **7 Fragen** gestellt. Bitte lesen Sie die Texte sorgfältig und beantworten Sie auf Basis des Textes die jeweiligen Fragen. Bei jeder Frage gibt es vier Antwortmöglichkeiten. **Nur eine** dieser Antwortmöglichkeiten ist richtig. Sie sollen angeben, welche der Antwortmöglichkeiten richtig ist. Bitte vermerken Sie die korrekte Lösung.
Beispiel	**Aufgabe:** Die Hauptdeterminante des Selbstkonzepts der Begabung ist die Leistung der Person selbst. Die Leistungen wirken sich aber nicht direkt auf das Selbstkonzept der Begabung aus, sondern die Personen nutzen Vergleichsprozesse, um aus den Beobachtungen der eigenen Leistungen Rückschlüsse auf die eigene Begabung vorzunehmen (Skaalvik & Skaalvik, 2002). Dabei kann die eigene Leistung mit den Leistungen anderer Personen verglichen werden (sozialer Vergleich), die eigene Leistung zu einem bestimmten Zeitpunkt kann mit eigenen früheren Leistungen in diesem Bereich verglichen werden (individuell-temporaler Vergleich), die eigene Leistung kann mit einem sachlichen Kriterium verglichen werden (kriterialer Vergleich), oder aber die Person kann die eigene Leistung in einem bestimmten Bereich auch mit eigenen Leistungen aus einem anderen Bereich vergleichen (individuell-dimensionaler Vergleich). (Quelle: Dickhäuser, 2009, S. 59)

Aufgabensteckbrief	
	Antwortmöglichkeiten: a) Beim sozialen Vergleich werden Leistungsentwicklungen verglichen. b) Beim individuell-dimensionalen Vergleich werden Leistungen anderer Personen zum Vergleich herangezogen. c) Um das Selbstkonzept der Begabung aus Leistungen zu erschließen, nutzen Personen verschiedene Vergleichsprozesse. d) Kriteriale Vergleiche sind besonders wichtig für die Bildung des Selbstkonzepts der Begabung.
Korrekte Lösung	c
Menge an Aufgaben	21
Zeit (ohne Instruktion)	36 Minuten
Zulässigkeit von Notizen	**nicht** erlaubt

Text 1

2.1 Einleitung: Welche Funktion haben Wahrnehmung und Aufmerksamkeit? – Repräsentation der Umwelt und Informationsverarbeitung für Handlungssteuerung

Wahrnehmung und Aufmerksamkeit sind wichtige Themen der Allgemeinen Psychologie, da beide Prozesse zentral für die menschliche Informationsverarbeitung sind. Ohne Wahrnehmung wäre keine Interaktion mit der Umwelt möglich und selbst die Steuerung des eigenen Körpers funktioniert nur, wenn Informationen über die eigene Körperstellung (so genannte propriozeptive Information) registriert werden. Aufmerksamkeit wählt aus, welche der Informationen, die andauernd von den Rezeptoren registriert werden, wichtig sind und besonders weiterverarbeitet werden. Für einige Teilbereiche der Allgemeinen Psychologie ist die Wichtigkeit von Wahrnehmung und Aufmerksamkeit unmittelbar einsichtig. Lernen, Gedächtnis, Problemlösen und Sprache wären ohne Wahrnehmung und Aufmerksamkeit nicht möglich, da Reize aus der Umwelt aufgenommen und selektiert werden müssen. Doch auch für die Teilbereiche Emotion, Motivation und Psychomotorik ist Wahrnehmung und Aufmerksamkeit unumgänglich. Beispielsweise müssen körpereigene Zustände, wie Anspannung oder Hunger, wahrgenommen werden, um Emotionen oder Motivationszustände auszulösen. Und Psychomotorik bedarf der Wahrnehmung des eigenen Körpers typischerweise innerhalb von Umweltgegebenheiten. Jedoch können auch Wahrnehmungs- und Aufmerksamkeitsprozesse nicht unabhängig von den anderen psychischen Prozessen operieren. Lernen und Gedächtnis, Entscheidungen, Sprache, Motorik sowie Emotionen und Motivationszustände determinieren den Zustand unseres Körpers und damit, welche Reize wahrgenommen und selektiert werden.

Bevor wir uns den Grundlagen der Wahrnehmung und Aufmerksamkeit zuwenden, möchten wir Ihnen die funktionale Bedeutung von Wahrnehmung und Aufmerksamkeit erläutern. Alltagssprachlich wird die Aussage „ich nehme X wahr" gleichgesetzt damit, dass der Wahrnehmende als Resultat des Wahrnehmungsprozesses eine bewusste Repräsentation über den Wahrnehmungsinhalt X ausbildet. Sehe ich beispielsweise ein Haus, so bedeutet dies, dass ein real existierendes Haus, ein **distaler Reiz**, Licht reflektiert, das auf die Rezeptorzellen meines Auges fällt. Das reflektierte Licht, der **proximale Reiz** wird registriert und weiterverarbeitet, bis schließlich die neuronale Repräsentation und der phänomenale Wahrnehmungseindruck, das **Perzept** „Haus" entsteht (siehe Abbildung 2-1). Wahrnehmung bezeichnet in diesem Kontext alle Prozesse der Aufnahme und Verarbeitung von Reizen aus der Umwelt. Aufmerksamkeit umfasst alle Selektionsprozesse, so dass ein phänomenaler Eindruck des Hauses entsteht und andere Informationen, wie z. B. umherfliegendes Laub vor dem Haus oder Wolken am Himmel die phänomenale Repräsentation „Haus" nicht stören. Die Funktion von Wahrnehmung und Aufmerksamkeit innerhalb dieser Betrachtungsweise ist die Verarbeitung von Reizen aus der Umwelt mit dem Ziel, eine **phänomenale Repräsentation** dieser Umwelt zu erzeugen, also die Umwelt abzubilden.

Aus evolutionsbiologischer Sichtweise ist es für den Mensch (sowie auch für andere Tiere) jedoch nicht wichtig, über ein inneres Abbild der Umwelt zu verfügen, sondern es ist für das Überleben notwendig, sich möglichst zielgerichtet in der Umwelt zu verhalten. Wahrnehmung und Aufmerksamkeit stehen hier im Dienste der **Handlungssteuerung** (Allport, 1987) und sind relevant für Bewegungskontrolle, Orientierung im Raum und Manipulation von Objekten (z. B. beim Greifen).

Auszug aus dem Kapitel „Wahrnehmung und Aufmerksamkeit" von A. Kiesel und I. Koch im „Lehrbuch Allgemeine Psychologie" von A. Kiesel und H. Spada (Hrsg.), ISBN 9783456856063, S. 37–39 © 2018 Hogrefe Verlag, Bern. Abdruck mit freundlicher Genehmigung.

2 Wahrnehmung und Aufmerksamkeit

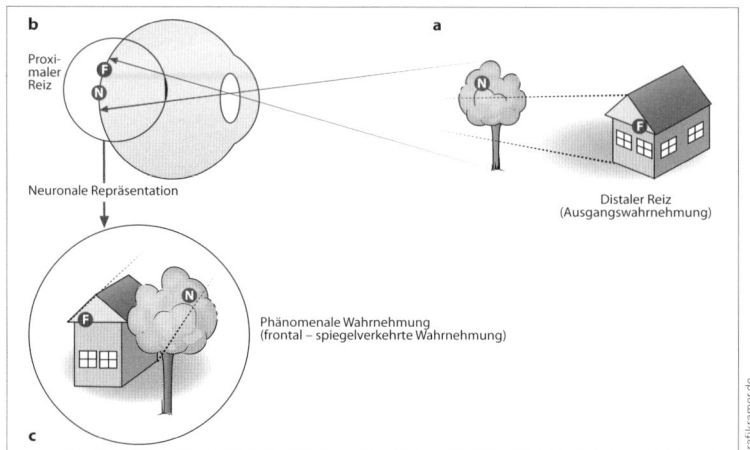

Abbildung 2–1: Ein Haus, ein distaler Reiz, reflektiert Licht, das als proximaler Reiz durch die Rezeptorzellen des Auges registriert wird. Die Rezeptorinformation wird weiterverarbeitet, so dass eine neuronale Repräsentation des Hauses und der phänomenale Wahrnehmungseindruck „Haus" entsteht. Die Information in Bezug auf Tiefe, dass der Baum (N) näher am Betrachter ist als das Haus (F), ist auf der zweidimensionalen Retina nicht vorhanden, wird aber bei der neuronalen Weiterverarbeitung „rekonstruiert".

Wahrnehmung und Aufmerksamkeit erfüllt oft beide Funktionen – Menschen machen sich ein phänomenales Abbild der Umwelt, während sie zielgerichtet in dieser Umwelt agieren. Es gibt jedoch auch Situationen, in denen diese beiden Funktionen dissoziieren und Handlungssteuerung erfolgt, ohne dass der Handelnde eine bewusste Repräsentation über den Handlungsgegenstand ausbildet. Personen mit **Blindsight (Blindsehen oder auch Rindenblindheit)** sind gekennzeichnet durch Schädigungen des primären visuellen Kortex, die zu Gesichtsfeldausfällen, d.h. subjektiver Blindheit in Teilen des Gesichtsfeldes führt. Werden Reize im blinden visuellen Gesichtsfeld dargeboten, so berichten Blindsight-Patienten, diesen Reiz nicht wahrzunehmen. Fordert man die Patienten jedoch auf, auf einen Lichtpunkt im blinden visuellen Halbfeld zu zeigen, so können sie dies erstaunlich gut (Weiskrantz, 1986). Besonders beeindruckend gelang der Nachweis von Blindsight bei einem Patienten, dessen gesamtes Gesichtsfeld durch kortikale Schädigung ausgefallen war. Dieser Patient schritt durch einen Gang, in dem Hindernisse aufgestellt waren, obwohl er phänomenal keine Repräsentation über die Hindernisse verfügte, denen er auswich (De Gelder, Tamietto, & van Boxtel, 2008).

Mittels experimenteller Techniken können auch bei gesunden Probanden Dissoziationen zwischen phänomenaler Wahrnehmung und Handlungssteuerung erzeugt werden. Im Paradigma des **subliminalen Primings** reagiert eine Versuchsperson auf einen sichtbaren Zielreiz (engl. target) (siehe Abbildung 2-2). Zuvor wird ein so genannter Prime-Reiz dargeboten, der entweder dieselbe (kongruente) oder eine andere (inkongruente) Reaktion erfordert als der Zielreiz. Gemittelt über viele Versuchsdurchgänge reagiert die Versuchsperson schneller nach kongruenten als inkongruenten Prime-Reizen, da der Prime die mit ihm assoziierte Re-

Auszug aus dem Kapitel „Wahrnehmung und Aufmerksamkeit" von A. Kiesel und I. Koch im „Lehrbuch Allgemeine Psychologie" von A. Kiesel und H. Spada (Hrsg.), ISBN 9783456856063, S. 37–39 © 2018 Hogrefe Verlag, Bern. Abdruck mit freundlicher Genehmigung.

2.2 Wahrnehmung

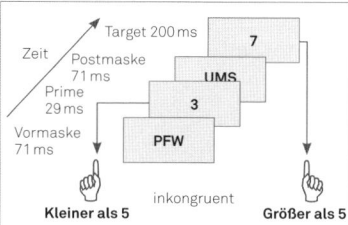

Abbildung 2-2: Beispiel für einen experimentellen Durchgang im subliminalen Priming-Paradigma. Versuchspersonen kategorisieren eine sichtbare Targetziffer als größer oder kleiner 5. Zuvor wird eine Primeziffer präsentiert, die entweder dieselbe (kongruente) oder die andere (inkongruente) Reaktion als die Targetziffer aktiviert. Versuchspersonen reagieren langsamer auf die Targetziffer nach inkongruentem als kongruentem Prime. Dies indiziert, dass die Primeziffer die mit ihr assoziierte Reaktion aktiviert. Beim subliminalen Priming wird der Prime nur sehr kurz (hier 29 ms) präsentiert und zusätzliche Maskierreize (hier irrelevante Buchstaben) bewirken, dass das retinale Abbild des Prime-Reizes überschrieben wird. Dadurch wird erreicht, dass der Prime nicht bewusst wahrgenommen werden kann.

„Wahrnehmung" genauer definiert werden muss. Im wissenschaftlichen Kontext sprechen wir von Wahrnehmung, wenn Reize aus der Umwelt durch Rezeptoren aufgenommen und weiterverarbeitet werden. Es ist möglich, dass solche Reize Einfluss auf die Informationsverarbeitung und Handlungssteuerung nehmen, ohne dass sie eine phänomenale Repräsentation, also eine bewusste Wahrnehmung erzeugen. Im Normalfall jedoch sind handlungsrelevante Reize typischerweise auch bewusst repräsentiert. Wahrnehmungspsychologische Untersuchungen verwenden dementsprechend oft subjektive Maße, d.h. Angaben von Versuchspersonen, ob ein Reiz sichtbar ist oder sich von anderen Reizen unterscheidet (siehe 2.2.2 Psychophysik).

aktion aktiviert. Dieser Kongruenzeffekt zeigt sich auch dann, wenn der Prime-Reiz nur sehr kurz dargeboten und von Maskierreizen umgeben ist, so dass die Versuchsperson keine phänomenale Repräsentation über den Reiz ausbilden kann (Dehaene et al., 1998; Kiesel, 2009; Kunde, Kiesel & Hoffmann, 2003).

Merke: Wahrnehmung und Aufmerksamkeit sind grundlegende Prozesse, die Informationen aus der Umwelt für weitere Informationsverarbeitung verfügbar machen. Dabei erfüllen Prozesse der Wahrnehmung und Aufmerksamkeit zwei Funktionen: es wird eine phänomenal bewusste Repräsentation der Umwelt erzeugt und zielgerichtete Handlungssteuerung in der Umwelt wird ermöglicht.

Die Dissoziation von phänomenaler, bewusster Wahrnehmung und Handlungssteuerung zeigt, dass der wissenschaftliche Begriff

Auszug aus dem Kapitel „Wahrnehmung und Aufmerksamkeit" von A. Kiesel und I. Koch im „Lehrbuch Allgemeine Psychologie" von A. Kiesel und H. Spada (Hrsg.), ISBN 9783456856063, S. 37–39 © 2018 Hogrefe Verlag, Bern. Abdruck mit freundlicher Genehmigung.

Aufgabe 1
Welche Aussage beschreibt die Rolle der Aufmerksamkeit im Wahrnehmungsprozess am genauesten?

a) Aufmerksamkeit ist für die initiale Aufnahme sensorischer Reize verantwortlich.
b) Aufmerksamkeit dient der Verstärkung der sensorischen Reizverarbeitung.
c) Aufmerksamkeit ermöglicht die selektive Verarbeitung von Reizen, die für die Handlungssteuerung relevant sind.
d) Aufmerksamkeit ist ein passiver Prozess, der durch externe Reize gesteuert wird.

Aufgabe 2
In welchem Zusammenhang steht die Wahrnehmung mit der Handlungssteuerung?

a) Wahrnehmung ist eine Folge der Handlungssteuerung.
b) Wahrnehmung und Handlungssteuerung sind unabhängige Prozesse.
c) Wahrnehmung ist eine Voraussetzung für die zielgerichtete Handlungssteuerung.
d) Wahrnehmung tritt ausschließlich nach der Handlungssteuerung auf.

Aufgabe 3
Was impliziert das Phänomen des Blindsight über die Beziehung zwischen Wahrnehmung und Bewusstsein?

a) Dass Wahrnehmung immer bewusst erfolgen muss, um zu Handlungen zu führen.
b) Dass bewusste Wahrnehmung nicht zwingend erforderlich ist für die Handlungssteuerung.
c) Dass Blindsight die Regel und nicht die Ausnahme in der visuellen Wahrnehmung darstellt.
d) Dass Blindsight beweist, dass Wahrnehmung ohne Aufmerksamkeit stattfinden kann.

Aufgabe 4
Wie beeinflusst die Aufmerksamkeit die Informationsverarbeitung im Kontext der Wahrnehmung?

a) Sie verlangsamt die Informationsverarbeitung, um Genauigkeit zu gewährleisten.
b) Sie priorisiert die Verarbeitung von Reizen, die für aktuelle Handlungsziele relevant sind.
c) Sie sorgt dafür, dass alle sensorischen Informationen gleichzeitig verarbeitet werden.
d) Sie eliminiert die Verarbeitung von irrelevanten Reizen vollständig.

Aufgabe 5
Welche Rolle spielen propriozeptive Informationen im Rahmen der Wahrnehmung?

a) Sie sind für die bewusste Wahrnehmung von externen Reizen verantwortlich.
b) Sie unterstützen die Wahrnehmung durch Bereitstellung von Kontextinformationen.
c) Sie sind entscheidend für die Wahrnehmung der eigenen Körperstellung und -bewegung.
d) Sie haben keinen Einfluss auf die Wahrnehmung und dienen ausschließlich motorischen Funktionen.

Aufgabe 6
Was demonstriert das Experiment des subliminalen Primings in Bezug auf die Wahrnehmung?

a) Dass die Wahrnehmung eines Reizes von der Dauer seiner Präsentation abhängt.
b) Dass eine bewusste Wahrnehmung für die Aktivierung assoziierter Reaktionen notwendig ist.
c) Dass Reize, auch ohne bewusste Wahrnehmung, die Verarbeitung nachfolgender Zielreize beeinflussen können.
d) Dass subliminale Reize stärkere Verhaltensreaktionen auslösen als bewusst wahrgenommene Reize.

Aufgabe 7

Welche Aussage ist angesichts des Textes und der Abbildung 2-1 zutreffend?

a) Das Perzept (a in Abbildung 2-1) ist identisch mit dem distalen Reiz (c in Abbildung 2-1).
b) Das Perzept (c in Abbildung 2-1) ist nicht identisch zur Ausgangswahrnehmung.
c) Die phänomenale Repräsentation bildet alle distalen Reize ab.
d) Im Sinne von Abbildung 2-1 wird der Prozess des Übergangs von b zu c als Wahrnehmung beschrieben.

Text 2

3 Die Struktur von Zielen

3.1 Zeitliche Dimension

Personen können sich langfristige (z. B. Arzt werden) oder kurzfristige Ziele setzen (z. B. eine Prüfung bestehen). Lang- und kurzfristige Ziele können *Zielhierarchien* bilden, in denen die langfristigen, übergeordneten Ziele den Inhalt der kurzfristigen, untergeordneten Ziele beeinflussen. Über- und untergeordnete Ziele sind dabei mental verbunden und können sich gegenseitig aktivieren (Kruglanski et al., 2002).

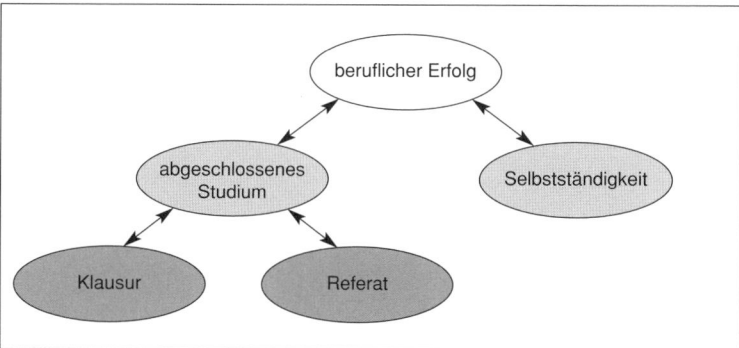

Abbildung 1: Hierarchische Ordnung von Zielen

Das Setzen von mehreren untergeordneten Zielen auf dem Weg zu einem übergeordneten Ziel fördert die Persistenz, weil unmittelbare Rückmeldung dem Handelnden seinen Fortschritt auf dem Weg zum übergeordneten Ziel zeigt. Positive Rückmeldung verstärkt den Glauben an die eigene Selbstwirksamkeit (Bandura, 1997) und kann so die intrinsische Motivation fördern (→ Intrinsische Motivation, → Selbstbestimmungstheorie und Kognitive Bewertungstheorie).

Kann ein bestimmtes kurzfristiges Ziel nicht erreicht werden (z. B. man fällt durch eine Klausur), kann das langfristige Ziel (z. B. sein Studium beenden) mit Hilfe eines anderen kurzfristigen Ziels (z. B. ein Referat halten) erreicht werden. Nach der Selbstergänzungstheorie (Wicklund & Gollwitzer, 1982) versuchen Personen, wenn sie ein Identitätsziel (z. B. ein angesehener Wissenschaftler werden) auf einem Weg nicht erreichen können (z. B. Durchführung bedeutender Forschungsarbeiten), dies durch den Gebrauch von leichter zugänglichen Selbstsymbolisierungen zu kompensieren (z. B. Titel, Auszeichnungen, großzügiges Büro).

Auszug aus dem Kapitel „Ziele" von A.T. Sevincer und G. Oettingen im „Handbuch der Allgemeinen Psychologie – Motivation und Emotion" von V. Brandstätter und J.H. Otto (Hrsg.), ISBN 9783840918452, S. 39–41
© 2009 Hogrefe Verlag, Göttingen. Abdruck mit freundlicher Genehmigung.

40 A. Timur Sevincer & Gabriele Oettingen

3.2 Spezifität

Ziele können auch unterschiedlich spezifisch formuliert werden. Eine Person kann ein sehr vages Ziel (z. B. „Arbeite so viel wie möglich") oder aber ein spezifisches Ziel haben (z. B. „Schreibe 5 Seiten pro Tag"). Personen mit spezifischen Zielen zeigen bessere Leistungen als Personen mit vagen Zielen (→ Zielsetzungstheorie). Spezifische Ziele verbessern die Leistung, weil sie
- einen klaren Leistungsstandard setzen,
- die Ambiguität des Ziels reduzieren,
- auf die relevanten Informationen aufmerksam machen,
- alternative Wege finden lassen.

3.3 Schwierigkeit

Ziele können schwierig zu erreichen sein, weil sie komplex sind oder weil sie besondere Fähigkeiten oder besondere Anstrengung erfordern. Die potenzielle Motivation (die sich aus den Bedürfnissen der Person, der Attraktivität des Ziels und der Instrumentalitäts-Einschätzung ergibt) bestimmt die maximale Anstrengung, die Personen bereit sind zu investieren. Je schwieriger ein Ziel zu erreichen ist, desto mehr Anstrengung wird investiert. Ist ein Ziel jedoch zu schwierig zu erreichen, wird keine Anstrengung mehr investiert (→ Kardiovaskuläre Prozesse und motivationale Intensität).

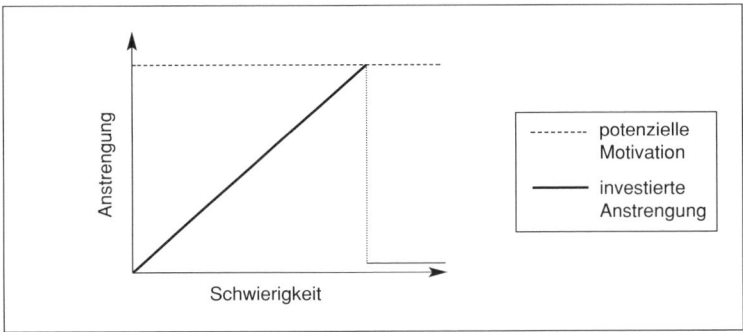

Abbildung 2: Die Beziehung zwischen potenzieller Motivation, Anstrengung und Schwierigkeit eines Ziels

3.4 Ausrichtung

Ziele können sich auf positive Zukunftsereignisse (z. B. eine gute Note bekommen) oder auf negative Zukunftsereignisse beziehen (z. B. keine schlechte Note bekommen). Zur Verwirklichung der gewünschten Zukunft können dabei Mit-

Auszug aus dem Kapitel „Ziele" von A.T. Sevincer und G. Oettingen im „Handbuch der Allgemeinen Psychologie – Motivation und Emotion" von V. Brandstätter und J. H. Otto (Hrsg.), ISBN 9783840918452, S. 39–41
© 2009 Hogrefe Verlag, Göttingen. Abdruck mit freundlicher Genehmigung.

Ziele 41

tel der Annäherung (z. B. viel lernen) oder Mittel der Vermeidung (z. B. wenig ausgehen) genutzt werden (→ Annäherungs- vs. Vermeidungsmotivation). Positive Zukunftsereignisse müssen nicht notwendigerweise mit Annäherungsmitteln und negative Zukunftsereignisse nicht notwendigerweise mit Vermeidungsmitteln verfolgt werden. Ziele, die mit Mitteln der Vermeidung verfolgt werden, können sich aber negativ auf Persistenz, Leistung und die Einschätzung der eigenen Kompetenz auswirken und dies besonders dann, wenn die Ziele schwierig zu erreichen sind oder es um den Beweis der eigenen Fähigkeiten geht.

Die Regulationsfokus-Theorie unterscheidet zwischen Promotions- und Präventionsorientierung. Bei der Promotionsorientierung geht es um das Verfolgen von Idealen (ob positive Ereignisse eintreten oder nicht, z. B. in eine höhere Liga aufsteigen), bei der Präventionsorientierung geht es um die Erfüllung von Pflichten (ob negative Ereignisse eintreten oder nicht, z. B. nicht in eine schlechtere Liga absteigen; → Theorie des regulatorischen Fokus). Dabei können Ideale mit Eifer verfolgt werden (z. B. indem man viele Tore schießt) und mit Mitteln der Umsicht (z. B. indem man den Gegner nicht viele Tore schießen lässt). Auch Pflichten können mit Eifer und mit Umsicht erfüllt werden.

Auszug aus dem Kapitel „Ziele" von A.T. Sevincer und G. Oettingen im „Handbuch der Allgemeinen Psychologie – Motivation und Emotion" von V. Brandstätter und J.H. Otto (Hrsg.), ISBN 9783840918452, S. 39–41
© 2009 Hogrefe Verlag, Göttingen. Abdruck mit freundlicher Genehmigung.

Aufgabe 1
Was ist gemäß dem Text ein potenzieller Vorteil des Setzens mehrerer untergeordneter Ziele auf dem Weg zu einem übergeordneten Ziel?

a) Negative Rückmeldung verstärkt den Glauben an die eigene Selbstwirksamkeit.
b) Das Scheitern an einem kurzfristigen Ziel kann durch das Verfolgen anderer kurzfristiger Ziele dennoch im Erreichen des übergeordneten Ziels resultieren.
c) Positive Rückmeldung verringert die intrinsische Motivation.
d) Das Scheitern an einem kurzfristigen Ziel führt zum Abbruch des langfristigen Ziels.

Aufgabe 2
Welche Funktion haben spezifische Ziele gemäß der Zielsetzungstheorie?

a) Sie erhöhen die Ambiguität des Ziels.
b) Sie reduzieren die Leistungsfähigkeit.
c) Sie setzen einen klaren Leistungsstandard.
d) Sie lenken von relevanten Informationen ab.

Aufgabe 3
Welche Aussage ist vor dem Hintergrund des Textes und Abbildung 2 zutreffend?

a) Die Schwierigkeit bedingt die potenzielle Motivation.
b) Die investierte Anstrengung hängt linear positiv von der Schwierigkeit ab.
c) Steigende Schwierigkeit kann ein Steigen der investierten Anstrengung ebenso wie deren Absinken bedingen.
d) Schwierige Ziele erfordern nur dann investierte Anstrengung, wenn sie leicht zu erreichen sind.

Aufgabe 4
Was beschreibt die Ausrichtung von Zielen laut dem Text?

a) Ob Ziele kurz- oder langfristig sind.
b) Ob Ziele positive oder negative Zukunftsereignisse betreffen.
c) Ob Ziele schwierig oder einfach zu erreichen sind.
d) Ob Ziele spezifisch oder vage formuliert sind.

Aufgabe 5
Welche Aussage ist angesichts des Texts zutreffend?

a) Promotionsorientierung bezieht sich auf die Verfolgung von Idealen, während Präventionsorientierung Pflichten betrifft.
b) Promotionsorientierung bezieht sich auf die Vermeidung von negativen Ereignissen, während Präventionsorientierung auf positive Ereignisse abzielt.
c) Beide Orientierungen sind identisch und beziehen sich auf das Verfolgen von Idealen.
d) Beide Orientierungen sind identisch und beziehen sich auf die Erfüllung von Pflichten.

Aufgabe 6
Was kann laut dem Text die Auswirkung von Zielen sein, die mit Mitteln der Vermeidung verfolgt werden?

a) Eine positive Wirkung auf die Einschätzung der eigenen Kompetenz.
b) Eine Verbesserung der Leistungsfähigkeit.
c) Eine positive Rückmeldung über den Fortschritt.
d) Eine Beeinträchtigung von Persistenz, Leistung und Selbstkompetenzeinschätzung.

Aufgabe 7
Welche Aussage ist angesichts des Texts zutreffend?

a) Personen versuchen, ihre Identitätsziele durch die Unterstützung von relevanten Bezugspersonen zu erreichen.
b) Personen kompensieren das Scheitern an einem Identitätsziel, indem sie alternative, leicht zugängliche Symbole wie Auszeichnungen und Titel verwenden.
c) Personen, die ein spezifisches Identitätsziel nicht erreichen können, fokussieren sich verstärkt auf kurzfristige Ziele.
d) Personen erreichen ihre Identitätsziele, indem sie sich auf langfristige Ziele konzentrieren, die durch positive Rückmeldung verstärkt werden.

Text 3

Selbstbestimmungstheorie und Kognitive Bewertungstheorie
Self-Determination Theory and Cognitive Evaluation Theory

Nicola Baumann

1 Einleitung

Die Selbstbestimmungstheorie von Deci und Ryan (1985, 2000, 2002) ist eine *organismisch-dialektische* Makrotheorie menschlicher Motivation, die sich mit der Entwicklung und der Adaptivität der Persönlichkeit in einem sozialen Kontext beschäftigt. Der *organismische* Ausgangspunkt besagt, dass Menschen aktive Organismen sind, die eine natürliche Tendenz zu psychologischem Wachstum haben. Die Theorie ist *dialektisch*, weil sie davon ausgeht, dass sich diese Tendenz nicht automatisch entfaltet, sondern die kontinuierliche Unterstützung durch die soziale Umwelt erfordert. Aus dem Wechselspiel zwischen aktivem Organismus und sozialem Kontext lassen sich Verhalten, Erleben und Entwicklung vorhersagen. Die Selbstbestimmungstheorie hat ihren Ursprung in der Kognitiven Bewertungstheorie, die sich mit den Effekten des sozialen Kontextes auf die intrinsische Motivation beschäftigt.

2 Drei grundlegende psychologische Bedürfnisse

In der Selbstbestimmungstheorie werden drei grundlegende psychologische Bedürfnisse („psychological needs") postuliert, die angeboren sind, universell auftreten und deren kontinuierliche Befriedigung zentral für psychologisches Wachstum, Integrität und Wohlbefinden ist. Es wird davon ausgegangen, dass Menschen danach streben, sich mit anderen in einem sozialen Milieu verbunden zu fühlen („relatedness"), in diesem Milieu effektiv und wirkungsvoll zu agieren („competence") und sich dabei als persönlich autonom und initiativ zu erfahren („autonomy", → Implizite und explizite Motive).

> **Das Konzept grundlegender psychologischer Bedürfnisse postuliert das Streben nach**
> - sozialer Eingebundenheit (sozialer Zugehörigkeit)
> - Kompetenz (Wirksamkeit)
> - Autonomie (Selbstbestimmung)

Auszug aus dem Kapitel „Selbstbestimmungstheorie und Kognitive Bewertungstheorie" von N. Baumann im „Handbuch der Allgemeinen Psychologie – Motivation und Emotion" von V. Brandstätter und J. H. Otto (Hrsg.), ISBN 9783840918452, S. 142–145 © 2009 Hogrefe Verlag, Göttingen. Abdruck mit freundlicher Genehmigung.

Selbstbestimmungstheorie und Kognitive Bewertungstheorie 143

3 Das „Was" und „Warum" der Zielverfolgung

Eine angemessene Bedürfnisbefriedigung hängt sowohl vom Inhalt (dem „Was") als auch vom Grund (dem „Warum") der Zielverfolgung ab (→ Ziele). Auf der inhaltlichen Ebene werden *intrinsische* Ziele (z. B. Eingebundenheit, persönliches Wachstum und Beiträge zur Gemeinschaft) von *extrinsischen* Zielen (z. B. Reichtum, Ruhm und Schönheit) unterschieden. Während intrinsische Ziele soziale Bedürfnisse angemessen befriedigen und Wohlbefinden fördern, befriedigen extrinsische Ziele soziale Bedürfnisse nur oberflächlich oder gar nicht und gehen mit reduziertem Wohlbefinden einher (Kasser & Ryan, 1993, 1996).

Auf der Regulationsebene werden sechs Gründe für die Zielverfolgung differenziert, die sich auf einem Kontinuum von heteronomer bis autonomer Kontrolle einordnen lassen (vgl. Abb. 1). Am Endpunkt heteronomer Kontrolle befindet sich *Amotivation*. Ein Verhalten wird als amotiviert und nicht reguliert bezeichnet, wenn es kein erkennbares Ziel verfolgt (z. B. dösen, herumlungern) oder einem unkontrollierten Handlungsimpuls entspringt (z. B. ein Wutausbruch). Am Endpunkt autonomer Kontrolle befindet sich die *intrinsische Motivation*, die den Prototyp selbstbestimmten Verhaltens darstellt, weil eine Person sich spontan (d. h. frei von äußerem Druck und inneren Zwängen) in einer Tätigkeit engagiert, die ihr Spaß macht (→ Interesse). Dazwischen liegen *extrinsisch motivierte* Verhaltensweisen, die mit instrumenteller Absicht durchgeführt werden, um eine von der Handlung separierbare Konsequenz zu erlangen.

Verhalten	Fremdbestimmung (Heteronome Kontrolle)				Selbstbestimmung (Autonome Kontrolle)	
Art der Motivation	**Amotivation**	**Extrinsische Motivation**				**Intrinsische Motivation**
Typ der Regulation	Nicht-Regulation	Externale Regulation	Introjizierte Regulation	Identifizierte Regulation	Integrierte Regulation	Intrinsische Regulation
wahrgenommene Handlungsverursachung	Unpersönlich	External	eher External	eher Internal	Internal	Internal

Abbildung 1: Das Selbstbestimmungskontinuum von Deci und Ryan (2000)

Auszug aus dem Kapitel „Selbstbestimmungstheorie und Kognitive Bewertungstheorie" von N. Baumann im „Handbuch der Allgemeinen Psychologie – Motivation und Emotion" von V. Brandstätter und J. H. Otto (Hrsg.), ISBN 9783840918452, S. 142–145 © 2009 Hogrefe Verlag, Göttingen. Abdruck mit freundlicher Genehmigung.

144   Nicola Baumann

3.1 Vier extrinsisch motivierte Regulationstypen

Extrinsisch motivierte Verhaltensweisen können durch den Prozess der Internalisierung in selbstbestimmte Handlungen überführt werden.

Begriffsbestimmung: Internalisierung

Internalisierung ist der Prozess, durch den externale Anforderungen, Werte und Regulationsprozesse in internale überführt werden, so dass selbstbestimmtes Handeln möglich wird. Wenn der Internalisierungsprozess optimal verläuft, identifizieren sich Personen mit sozialen Regeln, assimilieren sie in ihr integriertes Selbst und akzeptieren sie als ihre eigenen. Dadurch werden sie sowohl intrapsychisch als auch sozial *integriert*. Wenn der Internalisierungsprozess vereitelt wird, bleiben Regulationsmechanismen und Werte entweder *external* oder sind nur teilweise integriert und bilden *introjizierte* oder *identifizierte* Regulationsformen, die nicht vollständig selbstbestimmt sind.

Für die extrinsische Motivation lassen sich vier Typen der Regulation mit zunehmendem Internalisierungsgrad differenzieren (vgl. Abb. 1):

1. *Externale Regulation* ist von äußeren Anregungsfaktoren abhängig, auf die das Individuum keinen direkten Einfluss hat. Personen streben nach etwas, weil andere es von ihnen erwarten oder weil sie etwas dafür bekommen (z. B. Hausaufgaben machen, weil die Eltern es verlangen).
2. *Introjizierte Regulation* bezieht sich auf Verhaltensweisen, die internen Anstößen und innerem Druck folgen. Personen streben nach etwas, weil sie sich sonst beschämt, schuldig oder ängstlich fühlen; sie tun etwas, weil sie selbst meinen, dass sie es tun sollten oder dass es sich gehört (z. B. Hausaufgaben machen, weil man selbst das Gefühl hat, es zu müssen).
3. *Identifizierte Regulation* liegt vor, wenn eine Verhaltensweise vom Selbst als persönlich wichtig oder wertvoll anerkannt und teilweise in das individuelle Selbst integriert wird. Personen streben nach etwas, weil sie es für wichtig halten. Obwohl ein Ziel ursprünglich von anderen vermittelt worden sein mag, verfolgen sie es jetzt freiwillig und identifizieren sich damit (z. B. Hausaufgaben machen, weil sie für gute Noten wichtig sind).
4. *Integrierte Regulation* ist die Form extrinsischer Motivation mit dem höchsten Grad an Selbstbestimmung. Sie resultiert aus der weitergehenden Integration von Zielen, Werten und Handlungsstrategien in ein kohärentes Selbst. Integrierte Verhaltensweisen unterscheiden sich von intrinsischen nur dadurch, dass sie nicht autotelischer Natur sind (d. h. die Handlung selbst das Ziel ist), sondern eine instrumentelle Funktion besitzen. Sie werden freiwillig ausgeführt, weil das Handlungsergebnis subjektiv hoch bewertet wird (z. B. Hausaufgaben machen, um möglichst viel zu lernen).

Auszug aus dem Kapitel „Selbstbestimmungstheorie und Kognitive Bewertungstheorie" von N. Baumann im „Handbuch der Allgemeinen Psychologie – Motivation und Emotion" von V. Brandstätter und J. H. Otto (Hrsg.), ISBN 9783840918452, S. 142–145 © 2009 Hogrefe Verlag, Göttingen. Abdruck mit freundlicher Genehmigung.

Selbstbestimmungstheorie und Kognitive Bewertungstheorie 145

Die Angaben einer Personen über das „Warum" einer Zielverfolgung sind nicht immer zutreffend. Personen können subjektiv davon überzeugt sein, dass sie ein Ziel verfolgen, weil sie es für persönlich wichtig halten, obwohl es gar nicht in das individuelle Selbst passt. Eine Medizinstudentin mag z. B. die elterlichen Erwartungen, sie möge Ärztin werden, für selbstkongruent halten, obwohl ein anderes Studium viel besser zu ihr passen würde. Kuhl und Kazén (1994) ergänzen die Liste extrinsisch motivierter Regulationsformen daher um die „fehlinformierte" Introjektion *(Selbstinfiltration)*, die nicht durch das bewusste Erleben von Kontrolle und Druck begleitet sein muss, sich jedoch mit nicht reaktiven Gedächtnismaßen über die Neigung zur falschen Selbstzuschreibung objektiv fremdinduzierter Ziele erfassen lässt. Personen mit Selbstregulationsdefiziten (→ Handlungskontrolltheorie, → Theorie der Persönlichkeits-System-Interaktionen (PSI)) neigen gerade unter Stress zur Verwechslung eigener und fremder Ziele (Baumann & Kuhl, 2003).

Auszug aus dem Kapitel „Selbstbestimmungstheorie und Kognitive Bewertungstheorie" von N. Baumann im „Handbuch der Allgemeinen Psychologie – Motivation und Emotion" von V. Brandstätter und J. H. Otto (Hrsg.), ISBN 9783840918452, S. 142–145 © 2009 Hogrefe Verlag, Göttingen. Abdruck mit freundlicher Genehmigung.

Aufgabe 1
Welche Annahme liegt der Selbstbestimmungstheorie menschlicher Motivation von Deci und Ryan zugrunde?

a) Die natürliche Tendenz zu psychologischem Wachstum entfaltet sich ohne Einfluss von äußeren Faktoren.
b) Menschen sind passive Organismen und ihre Tendenz zu psychologischem Wachstum hängt ausschließlich vom sozialen Kontext ab.
c) Gemäß der Selbstbestimmungstheorie haben Menschen eine natürliche Tendenz zu psychologischem Wachstum. Diese entfaltet sich jedoch nur unter bestimmten Bedingungen.
d) Die Selbstbestimmungstheorie betont, dass der soziale Kontext keinen Einfluss auf die natürliche Tendenz zu psychologischem Wachstum hat.

Aufgabe 2
Was postuliert die Selbstbestimmungstheorie bezüglich der grundlegenden psychologischen Bedürfnisse eines Menschen?

a) Psychologische Bedürfnisse sind kulturell und individuell variabel und ihre Erfüllung hat einen Einfluss auf das psychologische Wachstum.
b) Die grundlegenden psychologischen Bedürfnisse sind nicht angeboren, sondern werden stattdessen durch den sozialen Kontext geformt.
c) Wie stark ein Mensch das Bedürfnis nach sozialer Eingebundenheit, Kompetenz und Autonomie hat, bedingt psychologisches Wachstum, Integrität und Wohlbefinden.
d) Die Befriedigung des Bedürfnisses nach sozialer Eingebundenheit, Kompetenz und Autonomie ist entscheidend für psychologisches Wachstum.

Aufgabe 3
Welche Aussage ist angesichts des Texts zutreffend?

a) Intrinsische Ziele befriedigen soziale Bedürfnisse besser als extrinsische Ziele.
b) Extrinsische Ziele sind kulturell bedingt, während intrinsische Ziele universell sind.
c) Extrinsische Ziele fördern das persönliche Wachstum stärker als intrinsische Ziele.
d) Intrinsische Ziele gehen mit reduziertem Wohlbefinden einher im Vergleich zu extrinsischen Zielen.

Aufgabe 4
Wie wird die intrinsische Motivation im Text beschrieben?

a) Als Verhalten, das von äußerem Druck und inneren Zwängen kontrolliert wird.
b) Als Prototyp selbstbestimmten Verhaltens, bei dem Personen sich frei von äußerem Druck in eine Tätigkeit engagieren.
c) Als Verhaltensweise, die nur oberflächlich durch externe Anreize motiviert ist.
d) Als amotiviertes Verhalten, das kein erkennbares Ziel verfolgt.

Aufgabe 5
Welche Aussage ist angesichts des Texts zutreffend?

a) Bei identifizierter Regulation wird die Handlung aufgrund äußeren Drucks und Zwang ausgeführt.
b) Bei identifizierter Regulation erfolgt die Handlung freiwillig, weil sie als persönlich wichtig oder wertvoll erkannt wird.
c) Bei identifizierter Regulation ist die Handlung vollständig selbstbestimmt und autotelisch.
d) Bei identifizierter Regulation ist die Handlung nicht mit einem erkennbaren Ziel verbunden.

Aufgabe 6
Welche Aussage ist angesichts des Texts zutreffend?

a) Die Internalisierung sollte vermieden werden, da sie zu Selbstregulationsdefiziten führt.
b) Personen sollten sich nicht mit Regeln identifizieren, um autonom handeln zu können.
c) Die Internalisierung ermöglicht selbstbestimmtes Handeln, wenn externe Anforderungen in interne überführt werden.
d) Internalisierung führt zwangsläufig zu introjizierten Regulationsformen.

Aufgabe 7
Welche Aussage ist angesichts des Texts zutreffend?

a) Selbstinfiltration tritt auf, wenn der Internalisierungsprozess optimal verläuft.
b) Personen mit Selbstregulationsdefiziten zeigen eine Neigung dazu, eigene und fremde Ziele zu verwechseln, insbesondere unter Stress.
c) Personen sind sich der Gründe für extrinsisch motivierte Regulationsformen immer bewusst.
d) Die „fehlinformierte" Introjektion ist ein Zeichen für intrinsische Motivation.

5. Testteil: Psychologieverständnis englisch

Aufgabensteckbrief	
Instruktion	Sie werden in diesem Testteil **3 Texte** lesen. Einige Texte sind um eine Tabelle oder Abbildung ergänzt. Zu jedem Textabschnitt werden Ihnen **7 Fragen** gestellt. Bitte lesen Sie die Texte sorgfältig und beantworten Sie auf Basis des Textes die jeweiligen Fragen. Bei jeder Frage gibt es vier Antwortmöglichkeiten. **Nur eine** dieser Antwortmöglichkeiten ist richtig. Sie sollen angeben, welche der Antwortmöglichkeiten richtig ist. Bitte vermerken Sie die korrekte Lösung.
Beispiel	**Aufgabe:** "In a series of experiments, Damisch, Stoberock and Mussweiler (2010) showed that the induction of superstitious beliefs in luck compared to a control group leads to better performance in various cognitive and motor tasks. We performed two conceptual replications of one of the experiments ($N_{study\,1} = 101$, $N_{study\,2} = 175$), in which we investigated whether participants performed better after an induction of luck in solving anagram tasks than the control group. Additionally, we investigated the effect of a bad luck induction on performance in study 2 with a different manipulation stimulus. Furthermore, both studies investigated the effect of the induction on self-efficacy expectations. Contrary to the pre-registered hypotheses, there was no statistically significant effect of luck or bad luck induction on performance." (Quelle: Dickhäuser et al., 2020, S. 51)

Aufgabensteckbrief	
	Antwortmöglichkeiten: a) Study 1 found an effect of luck induction on performance. b) The findings of Study 1 and 2 do not correspond to the findings of Damisch, Stoberock and Mussweiler (2010). c) In Study 2, after luck induction, participants performed worse than in the control group. d) Only Study 2 tested the effect of luck induction on self-efficacy.
Korrekte Lösung	b
Menge an Aufgaben	21
Zeit (ohne Instruktion)	36 Minuten
Zulässigkeit von Notizen	**nicht** erlaubt

Text 1

7 Stress, Adaptation, and Stress Disorders

John E. Carr, PhD, Ian M. Kodish, MD, PhD, and Peter P. Vitaliano, PhD

- What are the bio-behavioral mechanisms of the stress response?
- How does the acute stress response differ from the chronic stress response?
- What role do glucocorticoids play in regulating the stress response?
- Most illnesses seen in primary care are by-products of what evolutionary objective?
- By what bio-behavioral mechanisms does stress contribute to cardiovascular disorders?
- By what bio-behavioral mechanisms does stress contribute to immune system disorders?

Stress, Adaptation, and Evolution

The human organism is the unique product of eons of evolutionary change enabling *Homo sapiens* to survive by adapting to hostile, ever-changing conditions. Essential to this capacity for adaptation was the development of a series of homeostatic life support systems (e.g., respiration, circulation, digestion, metabolism, and elimination) which made it possible for the organism to survive independently. An *executive system* was required to communicate with, coordinate, and control these homeostatic systems. To fulfill this function, the brain and neuroendocrine systems evolved to regulate coordination among the homeostatic systems, and enable the organism to interact adaptively with the environment, learn from experience, and innovate.

Derived from physics, the concept of *stress* originally referred to forces causing structural or *systemic strain*. Applied to medicine, **stress** refers to any challenge to the integrity or survival of the organism, be it *biological, behavioral, cognitive, sociocultural,* or *environmental changes* that can disrupt homeostatic balance. Any such challenge will trigger "strains" within the body's systems and activate a **stress response**, designed to utilize adaptive mechanisms to restore **homeostasis** within each of these systems. This process of restoring stable functioning is referred to as **allostasis**. Disease and dysfunction typically occur in response to the failure of allostasis, but can also occur as the result of **allostasis overload** (i.e., sustained responses that wear down the body's ability to appropriately adapt, as can occur in chronic disorders). Thus, many of the illnesses that physicians treat can best be understood as by-products of the body's stress response, the mechanisms involved in its function, and the consequences of their actions.

The Stress Response

What are the bio-behavioral mechanisms of the stress response?

The **stress response** involves a complex *gene–environment interaction* in which the individual is sensitive to certain precipitating stressor conditions that, over time, effect changes in gene expression through a variety of epigenetic alterations. Thus, a gene–environment–stress interaction results in a medley of physiological, cognitive, emotional, and behavioral reactions that vary with the intensity and duration of the stressor. In his **general adaptation syndrome (GAS)** model, Selye defined the initial stage of the stress response as the *alarm stage* in which the body's adaptive defenses are mobilized. This is followed by a *resistance stage*, during which the organism attempts to adapt using available resources. During this stage, the individual is susceptible to *diseases of adaptation* that are by-products of the stress response. The final *exhaustion stage* occurs when demand overwhelms resources, defenses fail, and the individual is increasingly vulnerable.

Chronic Versus Acute Stress

> How does the acute stress response differ from the chronic stress response?

Whereas the **acute stress response** evolved to protect and "heal" the body, under conditions of sustained or chronic stress (allostasis overload), the body's adaptive mechanisms can be overwhelmed, resulting in disease and dysfunction. Adaptation to chronic as well as acute stress requires two types of stress response. First, there is an *immediate nervous system response* that focuses on *emergency functions* in keeping with the organism's survival imperative. Energy is mobilized from storage sites while further storage is temporarily halted; muscles are fueled with glucose, simple fats, proteins, and oxygen for **fight or flight**. Sympathetic nervous system (SNS) activation increases heart rate, blood pressure, and respiration providing rapid delivery of oxygen and fuel to muscle cells. Simultaneously, noncritical functions such as digestion, growth, and reproduction are put on hold. The SNS also stimulates the immune system, which activates T cells, B cells, and proinflammatory cytokines to fight infection.

Stress, Performance, and Learning

Selye distinguished between *eustress*, or healthy stress, and *distress,* or unhealthy stress. **Eustress**, typically evoked in response to moderate challenges, represents the optimal degree of arousal required to perform well or learn effectively. **Distress,** typically evoked in response to high stress, occurs when arousal impedes performance. The **Yerkes-Dodson law** (see Figure 7.1) states that performance and adaptive learning are optimal under moderate rather than either high or low stress (arousal) conditions. High stress may interfere with performance, as evidenced by overly anxious students who cannot concentrate on an exam. Low stress (arousal) may lead to low motivation and impaired performance. Two corollaries to the Yerkes-Dodson law apply to specific

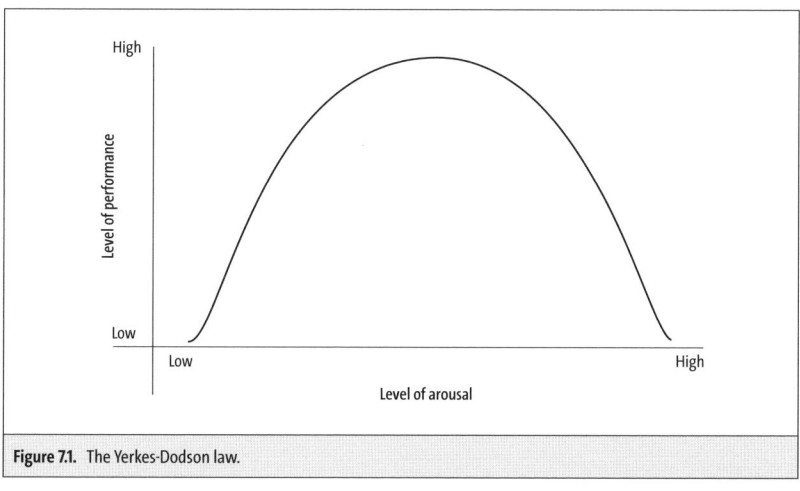

Figure 7.1. The Yerkes-Dodson law.

56

learning situations: (1) *Learning new or difficult tasks* is optimal under low or moderate stress conditions (recall how difficult it is to learn new material when anxious); and (2) *performance of well-learned tasks* is optimized by high stress conditions (e.g., the sprinter runs fastest when "pumped").

Aufgabe 1
Based on the information presented in the text, which of the following statements is correct?

a) As a chronic stress response, the organism can be mobilized in order to flee from the situation.
b) As a chronic stress response, the organism can be mobilized in order to fight the stressor situation.
c) Acute stress responses result in dysfunction.
d) Acute stress responses aim at mobilizing energy.

Aufgabe 2
Based on the information presented in the text, which of the following statements is correct?

a) Stress allows an organism to adapt to the environment.
b) Stress responses aim at an allostatic state of the system.
c) Stress is an individual reaction to strains of homeostasis.
d) Allostasis causes systemic strain.

Aufgabe 3
Referring to the stress model by Selye described in the text, which of the following statements is correct?

a) In the resistance stage, attempts to restore homeostasis can have negative effects.
b) In the alarm stage, homeostasis will mobilize defense.
c) Exhaustion results from stress.
d) Stress responses result in vulnerability (exhaustion stage).

Aufgabe 4
Based on the information presented in the text, which of the following statements is correct?

a) The attempt to restore allostasis will result in better functioning of the system.
b) The attempt to restore allostasis will result in disease and dysfunction.
c) Whether attempts to restore allostasis are successful depends on the characteristics of the systemic strain.
d) Allostasis overload can result in disorders.

Aufgabe 5
Based on the information presented in the text, which of the following statements is correct?

a) Human homeostatic life support systems regulate how the executive system works.
b) The human executive system developed independently from the conditions under which evolution took place.
c) Features of the human brain system result from adaptive processes.
d) Homeostatic life support systems are sufficient for an organism to interact with the environment and learn from it.

Aufgabe 6
Based on the information presented in the text, which of the following statements is correct?

a) Characteristics of a stressor can affect the stress response.
b) In the long run, characteristics of the stressor can influence gene expression via epigenetic alterations.
c) Physiological, cognitive, emotional, and/or behavioral reactions can affect the stressor.
d) Stress has more long-lasting than short-term effects.

Aufgabe 7
Based on the information presented in the text, which of the following statements is correct?

a) Stress is unhealthy.
b) The right end of the curve in Figure 7.1 can illustrate stages of distress.
c) Stress has negative effects.
d) Lower stress is associated with higher motivation and performance.

Text 2

Chapter 1
Essential Basic Concepts of Personality Disorders

1.1 Introduction

The concept of personality disorders (PDs) has a long history, and in consequence, widely differing ideas have developed around it. These ideas vary greatly from one another and are barely compatible (e.g., see Benjamin, 1996, 2003; Clarkin & Lenzenweger, 1996; Derksen, 1995; Fiedler, 2007; Fowler et al., 2007; Magnavita, 2004; Oldham et al., 2005).

Recent developments of this concept suggest that PDs should be conceived of as based on two factors: One should first conceptualize generally what PDs in fact are in a psychological sense, and then, on the basis of this general concept, one should clearly define the characteristics of the individual disorders (see Livesley, 1998, 2001; Livesley & Jackson, 1992, 2009; Livesley & Jang, 2005; Livesley et al., 1994, 1998; Hentschel, 2013). Some considerations of this are also dealt with in the American Psychiatric Association (APA) *Diagnostic and Statistical Manual of Mental Disorders,* fifth edition (DSM-5; APA, 2013).

The concept of PDs presented here adopts an equivalent approach: A general model of the psychological functioning of PDs is introduced, with the individual disorders then being elucidated on the basis of this model. Moreover, therapeutic implications are derived from the general as well as specific models (see Döring & Sachse, 2008a, 2008b).

The purpose of this book is not to trace and discuss conceptual developments, however. Rather it is to illustrate a **treatment concept of PD** – that is, the concept of **clarification-oriented psychotherapy** (COP; in German: *klärungsorientierte Psychotherapie*, or KOP). For this purpose, essential basic concepts of the approach to PDs will be emphasized to reveal the ideas that are suggested for the concept described here.

1.2 The Term *Personality Disorder*

It was initially suggested that there were some disorders that were very comprehensive, profound, and treatment-resistant. As a result, these disorders were seen as **disorders of the overall personality** (see Kernberg, 1978; Kretschmer, 1921; Schneider, 1923).

According to current psychological concepts (Fiedler & Herpertz, 2016; Millon, 2011), one must still assume that these disorders are complex, and that owing to their specific psychological

2 Personality Disorders

constellations, they remain relatively difficult to treat (see O'Donohue, Fowler, & Lilienfeld, 2007). However, the disorder at issue is not necessarily considered a disorder of the personality. Instead, it has become clear that features which characterize a PD are often already present in a lighter form in almost every person and are largely considered as normal and ordinary. As a result, more severe forms appear to be only extreme forms of ordinary psychological occurrences (Fiedler, 2007) and therefore are variations of a norm that are not necessarily considered as pathological.

In this context, a tendency in psychology could be observed to depathologize and normalize PDs. However, it is still obvious that these disorders generate great costs for the person concerned and that it makes sense to treat them therapeutically. Nonetheless, it is important to refrain from stigmatizing those affected. Unlike Emmelkamp and Kamphuis (2007), we do not view PDs as a "chronic psychiatric disorder . . . characterized by pathological personality traits" (Sachse, Sachse & Fasbender, 2010, 2011; Sachse, Fasbender, Breil, & Sachse, 2012).

> It is essential to see PDs as an extreme form of ordinary, normal psychological processes, which generate such great costs for the person concerned that psychotherapy is useful.

Therefore, in this book clients with PD will not be classified or designated as infantile, immature, pathological, seriously disturbed, or temperamentally deficient. It is important to get away from such negative evaluations (this is important to create a good therapeutic relationship with the client!). Furthermore, such a diagnosis may affect the therapist's stance and interventions. Basically, it would make sense to dispense with the term *personality disorder* and replace it with *interaction disorder*. However, since the term has been adopted into the language, it is easier to stay with the term personality disorder as long as one knows what is intended by it.

1.3 Style and Disorder

> Individuals with a minor personality style exhibit characteristics of a psychological entity in a mild form, whereas individuals with a major clinical disorder exhibit these characteristics in a severe form.

An important implication of this approach is the assumption that there are no distinct criteria according to which a style becomes a disorder. Basically, there are no empirically valid criteria which specify precisely when a style becomes a disorder (see Caspar et al., 2008; Foster & Campbell, 2005, 2007; Krueger et al., 2007; Livesley et al., 1994; Ronningstam, 2005; Samuel & Widiger, 2011; Watson, 2005; Widiger & Samuel, 2005; Widiger & Simonsen, 2005; Widiger et al., 2005). Thus, during the process of psychotherapy, it is sensible to negotiate with the client as to whether they consider their disorder to be so disruptive that therapy is indispensable.

1.4 Making Diagnoses

An important aspect of depathologization is that one does not make diagnoses of PD to label people: If one makes an official diagnosis (i.e., one that is passed on to the authorities), one

Chapter 1. Essential Basic Concepts of Personality Disorders

should always be aware that it can certainly be used against the client, and one should be careful about this. For internal communication between professionals, that is, in supervision, diagnoses serve exclusively to help understand exactly what the client's disorder is in order to be able to deal constructively with the client.

> The sole purpose of diagnosis is to derive meaningful therapeutic measures to help the client (Sachse, 2017).

Therefore, it makes sense in principle that a therapist
- gives a diagnosis,
- is aware of the fact that this is always a more or less well-proven hypothesis – that is, a working hypothesis for the purposes of psychotherapy,
- establishes a diagnosis as early as possible in the process (and as a first hypothesis),
- never overlooks a client's PD.

And in this case, it may well make sense to speak, for example, of narcissism as a disorder, although the client only exhibits a style: Because it can be helpful even then to be sufficiently prepared for games, motivational problems, etc.

> In general, it appears to be expedient to consider a personality style or a disorder in the therapy process – that is, to diagnose it and to consider it in the therapeutic procedure if
> - aspects of the style or disorder cause the costs the client does not want to incur, and/or
> - aspects of the style or disorder become relevant in therapeutic interaction – for example, by leading to manipulative behavior that significantly influences interactions with the therapist.

As a rule, however, even mild styles are relevant, so therapists should generally
- be mindful of PDs,
- be capable of quickly detecting and validly diagnosing any PD,
- be able to handle the PD in a constructive manner.

Used with permission from Personality Disorders by Rainer Sachse, ISBN 9780889375529, pp. 1–3
©2020 Hogrefe Publishing, www.hogrefe.com, http://doi.org/10.1027/00552-000

Aufgabe 1
Which of the following statements is correct, according to the information given in the text?

a) Diagnoses label individuals with an interaction disorder.
b) Diagnoses truly reflect the personality disorder of patients.
c) Diagnoses label individuals with extreme forms of aspects of their personality styles as having a specific "personality disorder".
d) Diagnoses are based on the treatment of patients with a personality disorder.

Aufgabe 2
Which of the following statements is correct, according to the information given in the text?

a) Different personality disorders share specific, common characteristics.
b) There is a long tradition of research on personality disorders and a consensus on how these disorders are conceptualized.
c) The Diagnostic and Statistical Manual of Mental Disorders does not make assumptions about personality disorders.
d) The aim of the text is to contribute to clarification-oriented conceptual development regarding personality disorders.

Aufgabe 3
Which of the following statements is correct, according to the information given in the text?

a) Personality disorders do not react to treatment.
b) Personality disorders indicate a disorder of the overall personality.
c) Personality disorders indicate a disorder.
d) Personality disorders can be characterized as ordinary.

Aufgabe 4
Which of the following statements is correct, according to the information given in the text?

a) Individuals with personality disorders should be regarded as retarded in their temperamental development.
b) Individuals with personality disorders share characteristics with individuals without personality disorders.
c) A clear understanding of the individual's pathological personality is the basis for the treatment of personality disorders.
d) The therapist's interaction with the patient is likely to be unaffected by the former's view on the causes and nature of personality.

Aufgabe 5
Which of the following statements is correct, according to the information given in the text?

a) The author of the text does not make amendments with regard to the term "personality disorder".
b) Throughout the text, the author prefers to use the term "interaction disorder" instead of "personality disorder".
c) The author uses the same label for personality disorders as has mainly been used in history.
d) The author suggests using the term personality disorders (PD) in a clarification-oriented (CO) way.

Aufgabe 6
Which of the following statements is correct, according to the information given in the text?

a) Despite the lack of a clear distinction between personality style and personality disorders, personality disorders generate other individuals' costs than personality styles.
b) Individuals with a personality disorder see therapy to be unnecessary.
c) Individuals with a personality disorder see therapy to be necessary.
d) Individuals with an interaction disorder see therapy to be necessary.

Aufgabe 7
Which of the following statements is correct, according to the information given in the text?

a) Diagnoses consider individuals with a personality disorder to have a deficient personality.
b) Diagnoses can have negative effects.
c) Diagnoses mainly serve the aim to better get to know and classify individuals.
d) Diagnoses will lead to better therapeutic help.

Text 3

Erik Erikson's Stages of Psychosocial Development

Erikson focused more on the interplay between biology and society as it influences psychosocial development. In contrast to Freud, he stressed the importance of childhood events and experiences during adulthood. Furthermore, Erikson focused primarily on the ego (rather than the id drives of Freud) and its association with social underpinnings. He presented the **epigenetic principle** which states that development occurs sequentially through eight stages over the course of a lifetime (see Table 4.2). Each stage has two possible outcomes, one positive (healthy) and the other negative (unhealthy), and builds upon the progress made in the previous stage. If a stage is not satisfactorily resolved, then the person is unable to achieve a new and higher level of functioning. In addition, if stressors or disruptions occur, regression may occur to an earlier stage of development.

Table 4.2 Stages of Erikson's theory of psychosocial development

Stage	Age (Years)
Basic trust vs. mistrust	Birth to 1
Autonomy vs. shame and doubt	1–3
Initiative vs. guilt	3–5
Industry vs. inferiority	5–11
Ego identity vs. role diffusion	11–21
Intimacy vs. isolation	21–40
Generativity vs. stagnation	40–60
Ego integrity vs. despair	60 to death

> The adolescent mind is essentially a mind of the moratorium, a psychosocial stage between childhood and adulthood, and between the morality learned by the child and the ethics developed by the adult.
>
> ERIK ERIKSON
> *Childhood and Society*

As our society changes, the relative age spans for each of the stages may shift as well. For example, as people live longer and retire later in life, the generativity versus stagnation stage has become prolonged and the ego integrity versus despair stage delayed.

Jean Piaget's Stages of Cognitive Development

Piaget studied children's thoughts and behavior to derive his theory of cognitive development. He theorized that intellectual functions formed the core of personality and provided for the coordinated progression of development along all spheres. Like Freud and Erikson, he believed that future stages depended on properly negotiated previous stages. However, although the stages occur sequentially, they rely on the maturation of the nervous system and on life experiences to determine their rate of progress (see Table 4.3).

Table 4.3 Stages of Piaget's theory of cognitive development

Stage	Age (Years)
Sensorimotor	Birth to 2
Preoperational thought	3–6
Concrete operations	7–10
Formal operations	11 and above

Piaget focused on equilibration, which is the pattern of knowledge formulation when a child addresses a novel situation. Vital to equilibration are the concepts of **assimilation** and **accommodation**, which are necessary tools for cognitive development. *Assimilation is defined as the ability to fit an experience with an existing cognitive structure.* Consider a child who turns on a switch at home and understands that by turning the switch, he caused the lights to turn on. By assimilation, he can then correlate that turning on a switch at his grandparents' home may also cause the lights to turn on. *Accommodation, however, is the process of adapting the existing cognitive structure to new experiences.* For example, when faced with an object placed out of reach, a child uses accommodation to figure out that the baseball bat he usually uses to hit balls can also be used as an implement to reach distant objects. Cognition grows through these novel experiences, using prior learned behavior to foster new growth. However, if the new task differs too much from the previous learned experience, frustration or fear can grow secondary to this gap. These intense emotions can prevent a new equilibrium from being reached, limiting further growth.

Table 4.4 Stages of Bowlby's attachment theory

Stage	Age
Preattachment	Birth to 8–10 weeks
Attachment in the making	8–10 weeks to 6 months
Clear-cut attachment	6 months to end of life

John Bowlby's Attachment Theory

Bowlby's **attachment theory** incorporated his psychoanalytic understanding of child development with evolutionary theory to postulate a genetic basis for infant attachment to caregivers. He described attachment as "a warm, intimate and continuous relationship with the mother in which both find satisfaction and enjoyment." Attachment is contrasted by **bonding**, which is a set of feelings that parents have toward their child distinct from the child's feelings toward his or her parents. *Bowlby theorized that attachment behaviors promote nearness to the attachment figure so that dangers can be avoided.* Early attachment behaviors include crying, smiling, and cooing. Later attachment behaviors include verbalizing and nonverbal signaling; these behaviors persist throughout life. Bowlby described three stages of attachment (see Table 4.4). During the **preattachment** stage (birth to 8-10 weeks), the baby orients to the caregiver, follows her with his eyes over a 180 degree range, and turns toward her voice; however, the infant does not discriminate among caregivers. In the second stage, the **attachment in the making** stage (8-10 weeks to 6 months), the infant becomes attached to one or more figures in his or her environment. In these first two stages, as long as the infant's needs are being satisfied, separation from a particular person does not induce distress. In the **clear cut attachment** stage (6 months to end of life), the infant is distressed by separation from the caregiver and stops crying and clings upon her return.

Aufgabe 1
According to the information given in the text, which of the following statements on the theory of Bowlby is correct?

a) Bowlby's theory mainly describes how social relations develop.
b) Bowlby's theory mainly describes how cognitive relations develop.
c) He describes bonding as a set of feelings individuals develop towards their caregivers.
d) Avoiding dangers promotes attachment.

Aufgabe 2
According to the information given in the text, which of the following statements is correct?

a) Piaget's theory describes cognitive development across adolescence.
b) Erikson's and Bowlby's theories describe development as a series of different stages across adulthood.
c) Bowlby's theory describes the development of attachment behavior during the lifespan.
d) Erikson's theory describes psychosocial development during the lifespan.

Aufgabe 3
According to the information given in the text, which of the following statements on the theory of Erikson is correct?

a) Having developed ego identity affects whether and how individuals develop basic trust.
b) The typical age range characterizing different stages of psychosocial development is unaffected by the individual's environment.
c) Trust and isolation are both unhealthy outcomes of different stages of psychosocial development.
d) The outcome of one developmental stage affects development at subsequent stages.

Aufgabe 4
According to the information given in the text, which of the following statements is correct?

a) The developmental theories suggested by Piaget and Erikson share the assumption that an individual's development is characterized by different stages and that development at an earlier stage has an effect on development at later stages.
b) The developmental theories by Freud, Piaget, Erikson, and Bowlby share the assumption that an individual's development is characterized by different stages of cognitive development.
c) The developmental theories suggested by Piaget and Bowlby share the assumption that an individual's development is characterized by different stages of social development.
d) The developmental theories suggested by Freud and Erikson share the assumption that an individual's development is characterized by different stages and that development at later stages has an effect on development at earlier stages.

Aufgabe 5
According to the information given in the text, which of the following statements is correct?

a) Piaget and Erikson postulate in their theories that human development is age-dependent and – at the same time – dependent on experience from the environment.
b) With regard to developmental age, the stage of concrete operations sensu Piaget equals the preattachment stage sensu Bowlby.
c) With regard to developmental stages, Bowlby has a more fine-grained view on human development than Erikson.
d) Bowlby's theory does not make assumptions on the behaviors of adults.

Aufgabe 6
According to the information given in the text, which of the following statements on the theory of Erikson is correct?

a) The theory of Erikson is mainly concerned with how individuals' cognition develops.
b) According to Erikson's theory of psychosocial development, critical life events can have the effect that an individual at the age of 60 can step back to earlier stages of psychosocial development.
c) Erik Erikson postulated a theory on psychosocial development. A core assumption of this theory is that psychosocial development affects society.
d) The development of the ego is unaffected by an individual's biological factors.

Aufgabe 7
According to the information given in the text, which of the following statements is correct?

a) Piaget postulated that cognitive development requires that individuals assimilate, i.e., change their cognitive structure in reaction to new experiences from the environment.
b) Piaget postulated that cognitive development requires that the environment equilibrates.
c) Piaget postulated that cognitive development requires that individuals accommodate, i.e., change their cognitive structure in reaction to new experiences from the environment.
d) Piaget postulated that concrete operations require sensorimotor equilibration.

6. Testteil: Mathematikkenntnisse

Aufgabensteckbrief	
Instruktion	Nun sollen Sie Mathematikaufgaben bearbeiten. Sie sollen angeben, welche der Antwortmöglichkeiten richtig ist. Es ist immer **nur eine** Antwortmöglichkeit richtig. Bitte vermerken Sie die korrekte Lösung.
Beispiel	**Aufgabe:** Lösen Sie die Gleichung für: $3x^2 - 12x + 12 = 0$ **Antwortmöglichkeiten:** a) $x = 0$ b) $x = 1$ c) $x = 2$ d) $x = 4$
Korrekte Lösung	c
Menge an Aufgaben	20
Zeit (ohne Instruktion)	23 Minuten
Zulässigkeit von Notizen	erlaubt

Aufgabe 1
Welche Antwortmöglichkeit stellt eine möglichst weite Vereinfachung des folgenden Ausdrucks dar?

$$\frac{\sqrt[4]{x^5} \cdot y^{-3}}{x \cdot \sqrt{\sqrt{x^{2+3}}}}$$

a) $\dfrac{1}{x \cdot y^3}$

b) $\dfrac{\sqrt[4]{xy^2}}{x \cdot \sqrt[3]{x^5}}$

c) $\dfrac{y^{-3}}{\sqrt{x}}$

d) $\dfrac{\sqrt[4]{x^5} \cdot y^{-3}}{x \cdot \sqrt[3]{x^5}}$

Aufgabe 2
Welche Auswahlmöglichkeit ist eine möglichst weite Vereinfachung des folgenden Ausdrucks?

$$2(a-3b)^2 + 4$$

a) $4a^2 - 12ab + 36b^2 + 4$

b) $4a^2 - 24ab + 36b^2 + 4$

c) $2a^2 + 18b^2 - 12ab + 4$

d) $2a^2 + 18b^2 - 6ab + 4$

Aufgabe 3
Bestimmen Sie die Nullstelle(n) der folgenden Funktion:

$$f(x) = -2x^2 - 8x + 14$$

a) $x_{1,2} = 2 \pm \sqrt{11}$

b) $x_{1,2} = -2 \pm \sqrt{11}$

c) $x_{1,2} = 4 \pm \sqrt{2}$

d) $x_{1,2} = -4 \pm \sqrt{2}$

Aufgabe 4
Wie groß ist der Abstand zwischen den beiden Punkten A(12/9) und B(8/1)?

a) $\sqrt{10}$
b) $\sqrt{12}$
c) $\sqrt{58}$
d) $\sqrt{80}$

Aufgabe 5
Sie haben eine Umfrage durchgeführt und Passanten und Passantinnen nach ihrer Größe befragt. Wie lautet das arithmetische Mittel der erhobenen Daten?

1,60 m; 1,66 m; 1,68 m; 1,70 m; 1,78 m; 1,79 m; 1,83 m; 1,85 m; 1,89 m; 1,92 m

a) 1,70 m
b) 1,74 m
c) 1,77 m
d) 1,79 m

Aufgabe 6
20 % der in einem Blumengeschäft verkauften Blumen sind Tulpen. Davon sind 50 % gelbe, 30 % violette und 20 % orangefarbene Tulpen. Wie hoch ist der Anteil der violetten Tulpen an allen Blumen im Geschäft?

a) 5 %
b) 6 %
c) 10 %
d) 20 %

Aufgabe 7

An welchen Stellen ist die erste Ableitung der folgenden Funktion gleich null? In der Abbildung sind die Nullstellen, Hochpunkte, Tiefpunkte und Wendepunkte markiert.

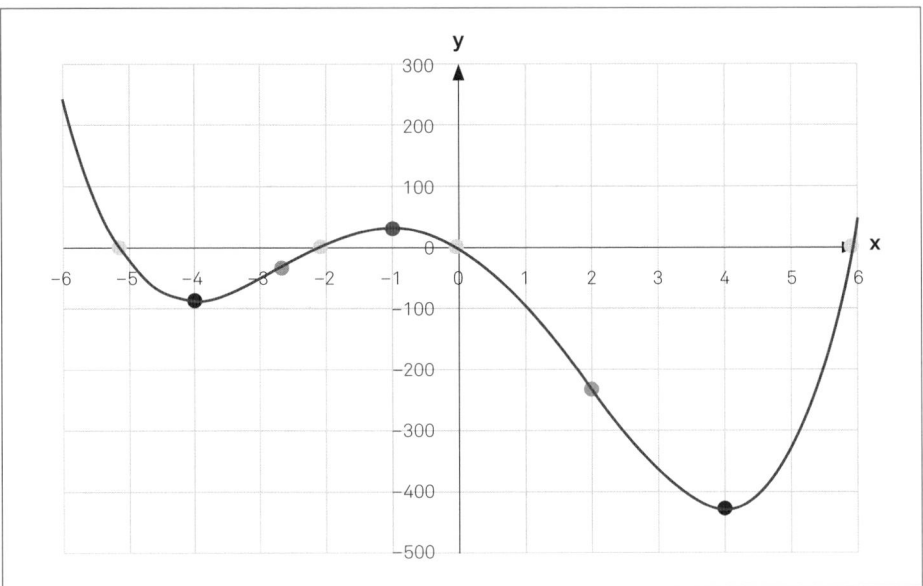

a) $x_1=-4$; $x_2=-1$; $x_3=4$
b) $x_1=-2{,}667$; $x_2=-1$; $x_3=2$
c) $x_1=-5{,}149$; $x_2=-2{,}068$; $x_3=-0{,}032$; $x_4=5{,}915$
d) $x_1=-2{,}667$; $x_2=2$

Aufgabe 8

Ein rechtwinkliges Dreieck hat Katheten der Längen 12 cm und 9 cm. Wie lang ist die Hypotenuse des Dreiecks?

a) 12 cm
b) 15 cm
c) 17 cm
d) 20 cm

6. Testteil: Mathematikkenntnisse

Aufgabe 9
In einem Theaterstück müssen noch drei Rollen besetzt werden. Für diese stehen fünf Schauspieler*innen in der engeren Auswahl. Auf wie viele Arten können die Rollen besetzt werden, wenn jede*r nur eine Rolle spielen kann?

a) 10
b) 20
c) 30
d) 60

Aufgabe 10
Gegeben seien die Geraden:
$$g(x)=2x+3$$
$$h(x)=-2x+6$$

Wie lautet der Schnittpunkt S der beiden Geraden?

a) S(−0,75/1,5)
b) S(2,25/7,5)
c) S(−2,25/−1,5)
d) S(0,75/4,5)

Aufgabe 11
Für welche der folgenden Vektoren ist das Skalarprodukt gleich null?

a) $\vec{a}=\begin{pmatrix}2\\-1\\0,25\end{pmatrix}$ und $\vec{b}=\begin{pmatrix}3,5\\-8\\8\end{pmatrix}$

b) $\vec{a}=\begin{pmatrix}4\\6,5\\-8\end{pmatrix}$ und $\vec{b}=\begin{pmatrix}3\\2\\3\end{pmatrix}$

c) $\vec{a}=\begin{pmatrix}1,5\\4\\-3,5\end{pmatrix}$ und $\vec{b}=\begin{pmatrix}4\\2\\4\end{pmatrix}$

d) $\vec{a}=\begin{pmatrix}-5\\12\\2\end{pmatrix}$ und $\vec{b}=\begin{pmatrix}6\\1,5\\6,5\end{pmatrix}$

Aufgabe 12
Wie liegen die beiden Geraden zueinander?

$$g: \vec{x} = \begin{pmatrix} 7{,}5 \\ 5 \\ 9 \end{pmatrix} + s \cdot \begin{pmatrix} 1 \\ 3 \\ 5 \end{pmatrix}$$

$$h: \vec{x} = \begin{pmatrix} 7{,}5 \\ 5 \\ 9 \end{pmatrix} + t \cdot \begin{pmatrix} 2 \\ -1 \\ 2 \end{pmatrix}$$

a) Sie sind identisch.
b) Sie sind parallel.
c) Sie sind windschief.
d) Sie kreuzen sich.

Aufgabe 13
Ein Marktstand hat sieben verschiedene Arten Obst im Angebot. Sie möchten einen Obstkorb mit genau vier verschiedenen Obstsorten zusammenstellen, um diesen zu verschenken. Wie viele verschiedene Kombinationen an Obstsorten können Sie dafür auswählen?

a) 35
b) 86
c) 150
d) 220

Aufgabe 14
In einer Urne befinden sich fünf rote, eine grüne und vier blaue Kugeln. Sie ziehen verdeckt 3 Kugeln ohne Zurücklegen aus der Urne. Wie groß ist die Wahrscheinlichkeit, nur rote und grüne Kugeln zu ziehen?

a) $P = \dfrac{1}{30}$

b) $P = \dfrac{1}{6}$

c) $P = \dfrac{1}{60}$

d) $P = \dfrac{29}{60}$

Aufgabe 15
Ein Kreis hat einen Flächeninhalt von 16π cm². Berechnen Sie seinen Umfang.

a) U = 4π cm
b) U = 8π cm
c) U = 32π cm
d) U = 64π cm

Aufgabe 16
Wie lautet die Gleichung der Tangente, welche die Funktion f(x) im Punkt P(2/6) berührt?

$$f(x) = 0{,}5x^2 - 4x + 12$$

a) $y = -4x + 14$
b) $y = -2x + 10$
c) $y = 2x + 6$
d) $y = 6x - 6$

Aufgabe 17
Berechnen Sie die mittlere/durchschnittliche Änderungsrate der Funktion f(x) mithilfe des Differenzenquotienten für das Intervall [1;11].

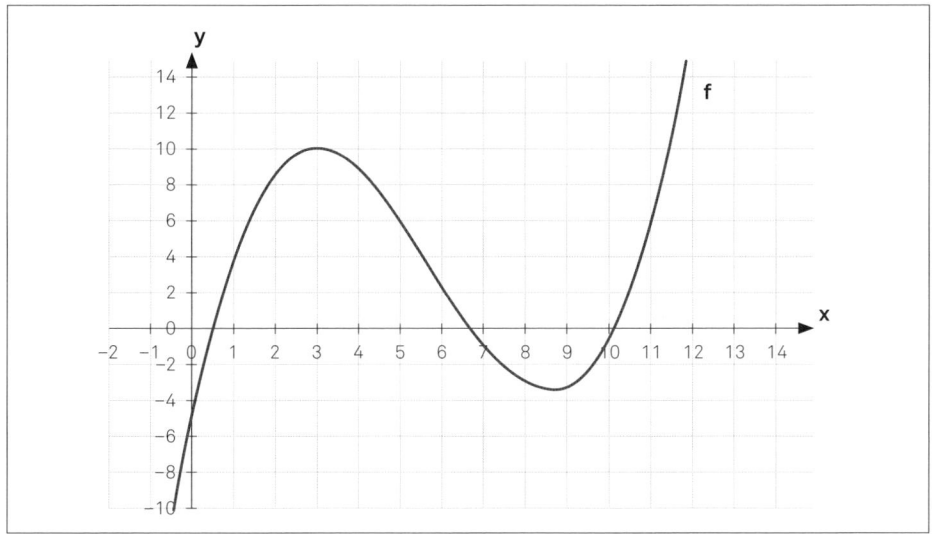

a) 0,1
b) 0,2
c) 2
d) 5

Aufgabe 18
Wie lautet die zweite Ableitung der folgenden Funktion?
$$f(x)=2e^{(3x+7)}-7x^2-5x+3$$

a) $f''(x)=\frac{2}{9}e^{(3x+7)}-\frac{7}{4}$

b) $f''(x)=6e-14$

c) $f''(x)=18e^{(3x+7)}-14$

d) $f''(x)=6e^{3x}-14$

Aufgabe 19
Die Wachstumsgeschwindigkeit einer Pflanze kann innerhalb der ersten 6 Wochen näherungsweise durch die folgende Formel angegeben werden:
$f(t)=0{,}25t^3-4t^2+16t$. Dabei gibt t die Zeit in Wochen ab Beobachtungsbeginn und $f(t)$ die Wachstumsgeschwindigkeit in cm pro Woche an. Bestimmen Sie den Zeitpunkt, an dem die Wachstumsgeschwindigkeit innerhalb des Beobachtungszeitraums am meisten abnimmt, also die Wendestelle der Funktion.

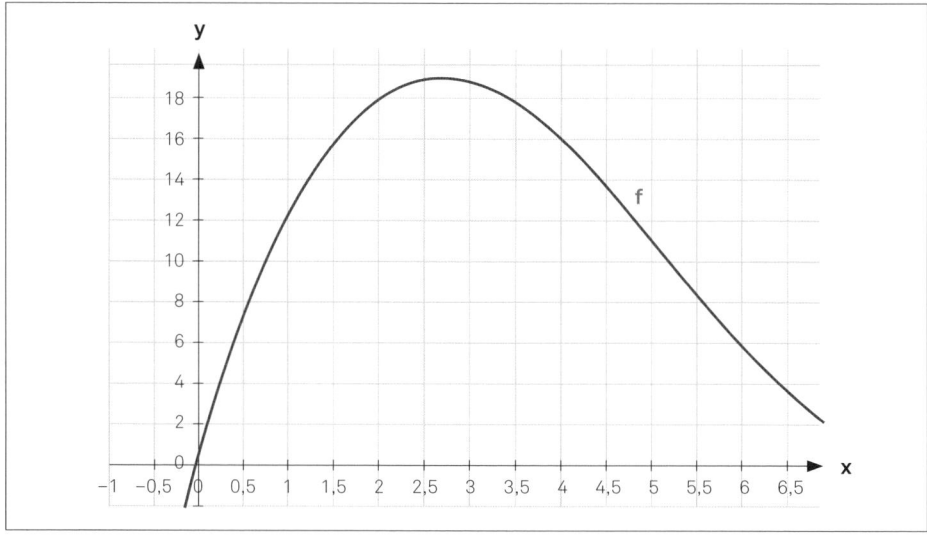

a) $\frac{16}{3}$ Wochen nach Beobachtungsbeginn

b) $\frac{8}{3}$ Wochen nach Beobachtungsbeginn

c) $\frac{5}{4}$ Wochen nach Beobachtungsbeginn

d) $\frac{25}{4}$ Wochen nach Beobachtungsbeginn

Aufgabe 20
Bestimmen Sie den Winkel α.

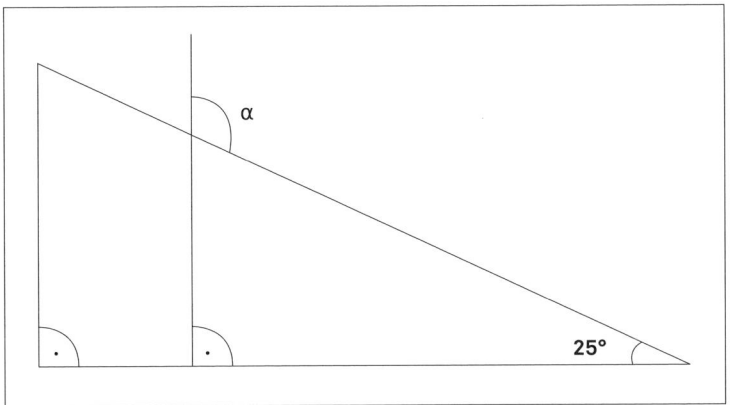

a) 65°
b) 90°
c) 105°
d) 115°

Lösungen zu den Übungsaufgaben

Schlussfolgerndes Denken figural

Auf-gabe	a)	b)	c)	d)	e)	f)	g)	h)	i)	j)	k)	l)	m)	n)	o)	p)
1							x									
2																x
3									x							
4		x														
5								x								
6				x												
7													x			
8								x								
9	x															
10												x				
11			x													
12					x											
13						x										
14											x					
15														x		
16															x	
17			x													
18										x						
19						x										
20			x													

Schlussfolgerndes Denken numerisch

Aufgabe	Antwortmöglichkeiten			
	a)	b)	c)	d)
1	x			
2	x			
3				x
4		x		
5	x			
6			x	
7				x
8	x			
9		x		
10				x
11			x	
12			x	
13	x			
14				x
15				x
16		x		
17		x		
18				x
19				x
20			x	

Schlussfolgerndes Denken verbal

Aufgabe	Antwortmöglichkeiten			
	a)	b)	c)	d)
1	x			
2	x			
3	x			
4			x	
5		x		
6				x
7		x		
8	x			
9	x			
10				x
11				x
12	x			
13			x	
14		x		
15			x	
16			x	
17	x			
18			x	
19				x
20	x			

Psychologieverständnis deutsch

Aufgabe	Antwortmöglichkeiten			
	a)	b)	c)	d)
Text 1				
1			x	
2			x	
3		x		
4		x		
5			x	
6			x	
7		x		
Text 2				
1		x		
2			x	
3			x	
4		x		
5	x			
6				x
7		x		
Text 3				
1			x	
2				x
3	x			
4		x		
5		x		
6			x	
7		x		

Psychologieverständnis englisch

Aufgabe	Antwortmöglichkeiten			
	a)	b)	c)	d)
Text 1				
1				x
2		x		
3	x			
4				x
5			x	
6	x			
7		x		
Text 2				
1			x	
2	x			
3			x	
4		x		
5			x	
6	x			
7		x		
Text 3				
1	x			
2				x
3				x
4	x			
5	x			
6		x		
7			x	

Mathematikkenntnisse

Aufgabe	Antwortmöglichkeiten			
	a)	b)	c)	d)
1	x			
2			x	
3		x		
4				x
5			x	
6		x		
7	x			
8		x		
9				x
10				x
11			x	
12				x
13	x			
14		x		
15		x		
16		x		
17		x		
18			x	
19	x			
20				x

Danksagung

Bei der Entwicklung der Aufgaben für dieses Buch bin ich in vielfältiger Weise unterstützt worden. Ich danke Sophie Goersch für ihre Mitwirkung bei der Entwicklung der Aufgaben zur Erfassung der Mathematikkenntnisse. Marie Dimmer, Katharina Nepscha und Nicolas Becker danke ich für die Mithilfe bei der Aufgabenentwicklung zum schlussfolgernden Denken, Marie Dimmer, Julia Hilpert und Gabi Atkinson darüber hinaus für ihre Unterstützung bei der Erstellung des Manuskriptes für das gesamte Buch. Es hat Spaß gemacht, so eng und gut zusammenzuarbeiten.

Ich danke darüber hinaus Susanne Weidinger und Tanja Ulbricht vom Hogrefe Verlag für die reibungslose Zusammenarbeit bei der Konzeption und Realisierung dieses Buchprojektes und dem Hogrefe Verlag für die freundliche Genehmigung zur Verwendung der Lehrbuchtexte zur Erfassung von Psychologieverständnis deutsch und englisch.

Vielen Dank!

Literatur

Bajwa, N. & König, C. J. (Hrsg.). (2022). *Karriereperspektiven in der Arbeits- und Organisationspsychologie: Darstellung aktueller und zukünftiger Tätigkeitsfelder* (2. Aufl.). Berlin: Springer.
Damisch, L., Stoberock, B., & Mussweiler, T. (2010). Keep your fingers crossed! How superstition improves performance. *Psychological Science, 21,* 1014–1020.
Dickhäuser, O. (2009). Selbstkonzept der Begabung. In V. Brandstätter & J. H. Otto (Hrsg.), *Handbuch der Allgemeinen Psychologie – Motivation und Emotion* (S. 58–63). Göttingen: Hogrefe.
Dickhäuser, O., Heinze, A., Hamm, M. L., Bales, A. S., Bellmann, S. A., Böger, D. et al. (2020). Effekt Glückssache? Zwei teststarke, präregistrierte Replikationsstudien zum Einfluss von Glück auf kognitive Leistung. *Zeitschrift für Pädagogische Psychologie, 34,* 51–60.
Dickhäuser, O., Merkle, B., Becker, N. & Spinath, B. (2022). Studierendenauswahltest Psychologie: Konzeption, Implementation und Implikationen für die Beratung von Studieninteressierten. *Zeitschrift für Beratung und Studium, 17,* 71–76.
Dickhäuser, O. & Spinath, B. (Hrsg.). (2023). *Berufsfelder der Pädagogischen Psychologie: Karrierewege, Kompetenzen, Tätigkeitsschwerpunkte* (2. Aufl.). Berlin: Springer.
Schneider, B., Becker, N., Krieger, F., Spinath, F. M. & Sparfeldt, J. R. (2020). Teaching the underlying rules of figural matrices in a short video increases test scores. *Intelligence, 82,* 101473.
Schneider, B. & Sparfeldt, J. R. (2021). How to solve number series items: Can watching video tutorials increase test scores? *Intelligence, 87,* 101547.
Skaalvik, E. M. & Skaalvik, S. (2002). Internal and external frames of references for academic self-concept. *Educational Psychologist, 37,* 233–244.
Watrin, L., Geigner, M., Levacher, J., Spinath, B. & Wilhelm, O. (2022). Development and initial validation of an admission test for bachelor psychology studies. *Frontiers in Psychology, 7,* 909818.

Buchtipps

E. Hofmann / M. Löhle

Erfolgreich Lernen

Effiziente Lern- und Arbeitsstrategien für Schule, Studium und Beruf

Für den Erfolg in Schule, Studium und Ausbildung ist es wichtig, sich auf möglichst effiziente Weise Wissen anzueignen. Geeignete Techniken und Methoden des Lernens, Zeitmanagement und der persönliche Lernstil spielen dabei eine große Rolle. Die Neubearbeitung des Buches vermittelt anhand zahlreicher Übungen, wie Lernen effektiver gestaltet und besser organisiert werden kann, um so Prüfungen erfolgreich zu bestehen.

3., überarb. Auflage 2016, 231 Seiten, € 24,95 (DE) / € 25,70 (AT) / CHF 34.50, ISBN 978-3-8017-2792-5
Dieser Titel ist auch als eBook erhältlich.

A. Höcker / M. Engberding / F. Rist

Heute fange ich wirklich an!

Prokrastination und Aufschieben überwinden – ein Ratgeber

Föderation der Schweizer Psychologinnen und Psychologen (FSP) (Hrsg.)

Vielfältige Psychologie

30 Berufe – 30 Porträts

Jeder schiebt dann und wann einmal etwas Unangenehmes auf. Aber ab wann wird das Aufschieben zum Problem? Dieser Ratgeber hilft Betroffenen, Aufschiebeverhalten und Prokrastination besser zu verstehen. Er klärt darüber auf, unter welchen Bedingungen es entsteht und warum es so schwer ist, damit aufzuhören. Den Schwerpunkt des Bandes bildet die Darstellung eines Anti-Prokrastinationsprogrammes, welches Betroffene dabei unterstützt, ihr Aufschiebeverhalten zu überwinden.

2., unveränd. Auflage 2021, 142 Seiten, inkl. CD-ROM, € 24,95 (DE) / € 25,70 (AT) / CHF 34.50,
ISBN 978-3-8017-3107-6
Dieser Titel ist auch als eBook erhältlich.

Psychologie ist eines jener Studienfächer, bei denen nach dem Studium nur wenig vorbestimmt ist. Fast unbegrenzt viele Wege können eingeschlagen werden. „Vielfältige Psychologie" bringt diese Vielfalt der Psychologie ans Licht. Die einzelnen Berufskategorien werden in einem Kurzbeschrieb sowie mit dem Porträt eines Psychologen, der im Beruf tätig ist, vorgestellt.

2018, 152 Seiten, geb., € 40,00 (DE) / € 41,20 (AT) / CHF 52.50, ISBN 978-3-456-85820-3

www.hogrefe.com

Buchtipps

U. Bentlage

Schulabschluss geschafft! Und jetzt?
Ein Ratgeber zur Studien- und Berufswahl

Dieser Ratgeber macht Mut zur Entscheidung: Entlang der in der Zukunftsforschung etablierten Delphi-Methode zeigt das Buch, wie Schulabgänger basierend auf der Befragung ihrer eigenen „Experten" (z. B. Verwandte, Freunde, Nachbarn, Lehrer, Trainer) mit wenigen Schritten eine Orientierung im Dschungel der Möglichkeiten und Meinungen finden können.

2021, 148 Seiten, Kleinformat, € 16,95 (DE) / € 17,50 (AT) / CHF 23.90, ISBN 978-3-8017-3042-0
Dieser Titel ist auch als eBook erhältlich.

P. Ruthven-Murray

Was soll ich studieren?
Alle Antworten für die richtige Studienwahl

D. Beurer

Wegbegleiter für den Berufsweg
Tipps der Psychologie für Erwerbstätige und solche, die es werden wollen

Sie stehen als Abiturient*in vor der wichtigen Entscheidung, welches Studium zu Ihnen passt oder sind hier beratend tätig? Die überarbeitete Auflage des bewährten Ratgebers hilft Ihnen dabei, strukturiert eine fundierte und bewusste Studienwahl zu treffen. Er zeigt Ihnen, wie Sie verschiedene persönliche Faktoren gewichten, passende Informationen zur Studienwahl filtern, und schließlich zu einer konkreten Auswahl an passenden Studiengängen gelangen.

3., überarb. Auflage 2022, 176 Seiten, Kleinformat, € 19,95 (DE) / € 20,60 (AT) / CHF 27.90, ISBN 978-3-8017-3145-8
Dieser Titel ist auch als eBook erhältlich.

Gibt es den idealen Beruf für mich? Wie finde ich einen Beruf, der zu mir passt? Und wenn ich schon einen Beruf habe: Was kann ich tun, damit es mir in meinem beruflichen Alltag gut geht? Dieser Ratgeber widmet sich genau diesen Fragen und dient als passende Navigationshilfe auf dem Berufsweg.

2017, 200 Seiten, € 20,00 (DE) / € 20,60 (AT) / CHF 27.90, ISBN 978-3-456-85649-0
Dieser Titel ist auch als eBook erhältlich.

www.hogrefe.com